7つのフランチャイズ・チェーンを
成功させた社長の必勝哲学

仕事が楽しければ、人生は極楽だ

安藤よしかず
Yoshikazu Ando

牧野出版

仕事が楽しければ、人生は極楽だ

◆目次

第一章 私について

第二章

成功の極意

第三章 これからについて

仕事が楽しければ、人生は極楽だ

7つのフランチャイズ・チェーンを成功させた社長の必勝哲学

プロローグ

本書のタイトル「仕事が楽しければ、人生は極楽だ」は、ロシアの作家、ゴーリキーの言葉です。一般的に、この言葉は「生きている限り、仕事をしなくちゃいけないんだから、どうせ仕事をするなら楽しくやった方が得だ」などと理解されています。でも、私は少し違った解釈をしています。

この言葉には続きがあります。「仕事が義務なら、人生は地獄だ」と。つまり、仕事を「しなくちゃいけないもの」と考えている時点で、人生は地獄なのです。

思うに、「どうせなら楽しもう」という半ば後ろ向きの理由ではなく、自分から何もかも積極的に「楽しむ」ことで、人生はすべてがうまく行くようになります。嘘ではありません。

私は、全国展開するリユース・リサイクルショップのフランチャイズチェーンのオーナー社長です。いたって普通のオトコです。幼い頃から真面目に勉強したわけでもなければ、有名大学を出たわけでもありません。三十五年ほど前に独立・起業して以来、さまざまなビジネスを手がけてきました。試行錯誤はありましたが、レコードレンタル店をおよそ二十店舗、ビデオレンタルは一〇〇店、ＤＰＥショップは二二〇店、リサイクルビジネスも二〇〇店など、これまでに手がけてきたすべてのフランチャイズビジネスを成功させることができたと自負しています。

そして、その成功の秘訣が「楽しむ」ことでした。人間は、嫌なこと・苦しいことはできるだけ避けるか、すぐに終わらせようと思ってしまいます。でも楽しいことなら、少しでもその時間を長引かせたいがために、じっくり取り組みます。じっくり取り組むから、いろんな方面から考えます。いろんな方面から考えるから、より失敗の少ない選択ができます。

私は、いつでも、どこにいても楽しめる人間になりたいと思って生きてきました。仕事の時はもちろん、遊んでいる時も、どんなに嫌なことがあっても、その状況を楽しんできました。ですから、当社のフランチャイズ加盟店オーナーから悪質な風評被害を受けた時も、このことを訴え裁判になりましたが、裁判自体を楽しんできたと胸を張って言えます。

だから、この世界は極楽です。

この本は三部構成になっています。

第一章では、私という人間を知っていただくために、私がこれまで歩んだ道のりを語ります。その中で、私が楽しみながら考え続けた結果、いくつかの事業を成功に導いた話をします。自慢に聞こえたらごめんなさい。

第二章では、私がこれまで事業を手がけた中で私なりに気づいた（築いた）「成功の方程式」っぽいものについて語らせてください。

第三章は、「生涯現役」を貫くという、これからの人生に向けた私の宣言です。

もしあなたがこの本を購入してくれたとして、すべて読んで「ぜんぜん面白くない！」と思ったら、遠慮なく当社直営店までお持ちください。当社規定の価格で買い取らせていただきます。

逆に、この本を読んで私に興味を持たれた方は、ぜひ私にご一報ください。もしよろしければ、本社でおいしいコーヒーの一杯もご馳走しますから。

第一章

私について

1 ダメ人間だった学生時代

家に帰りたくなかった子ども

大垣市って知ってますか？　岐阜県西部に位置する人口十六万人程度の地方都市です。小さな町ですが、不思議なことに多くの上場企業がここから誕生しています。関西と関東を結ぶ交通の要所であり、昔から商魂たくましい人たちが育つ土壌があったのかも知れません。

だから私も商売人として立派に……などと言うつもりはありません。

私も大垣市に生まれましたが、小学生の頃から勉強も運動もからっきしダメ。だいたい、他人と競争することが大の苦手。誰かと争って勝ってやろうと思うよりも、最初から競争を諦めちゃうタイプでした。

それよりも、近所の友だちとワイワイガヤガヤと遊んでいるのが大好きな子どもでした。私がまだ子どもだった昭和三十年代は、近所にたくさんのお宮があり、毎日かくれんぼや缶けりをして遊んでいました。

学校から帰ると誰かが言い出すわけでもないのに、みんながお宮に集まります。お天気なんて関係ありません。かくれんぼ、おにごっこ、ドッチボール、川遊び、チャンバラ。ゲーム機やスマホなんてない代わり、手にする物すべてが遊び道具でした。

やがて夕方になるとお母さんが迎えに来て、一人・二人と友だちが帰っていきます。遊び仲間が減ると、私は猛烈な寂しさに襲われます。だって、その後は家に帰らなきゃいけないし、大嫌いな勉強だってしなくちゃならないから。誰だって遊んでいた方が楽しいですからね。

でも中学生になると、それとは別に、私には家に帰りたくない理由ができました。

家の中に見知らぬ大人がいる

私の父は農林水産省の公務員でした。

真面目と言えば聞こえはいいのですが、もともと不器用が服を着ているような人で、世渡りの下手さは天下一品。出世などにはまったく縁がありません。自宅は昔からの農家なので広い農地はありましたが、我が家は決してお金持ちではありませんでした。

お金がない上に祖母と出戻りの叔母がいましたから、家庭内はどこかギスギスしています。父と祖母はよく言い争いをしました。子どもの前ですからストレートに「お金が！」などとは口にしませんが、それくらいのことは子どもだって分かります。目の前で父と祖母と母が、言い争うのを見ていることがどれだけ辛いことか。

しかし、私が家に戻りたくない理由はそれだけではありません。

家計の足しにするために、父と母は自宅の一部と離れを使って大学生のための下宿屋を始めたのです。最も多かった頃には、約十名の学生を家に住まわせていました。

だから私が中学生の頃は、毎日家に戻ると知らない大学生が家の中をウロウロしていました。それが大きなストレスで、私は家に帰りたくなかったんです。

だって、考えてください。

自宅の玄関には、大量の靴が脱ぎ散らかしてあります。年頃の男がはき古した、得体の知れない強烈な靴の臭いが私に襲いかかります。

お風呂の時間は厳格に決められており、ゆっくり入ることは許されません。トイレに彼らがこもっている間は、我慢しなくちゃなりません。中学生だった私は、いつも遠慮していました。

夜も更けて眠ろうと思っても、私の部屋の隣にはよく知らないオトナの男性が生息しています。

ふすま一枚へだてた先で、彼らはタバコを吸い、夜中まで友人とお酒を飲み、深夜放送のラジオを聴いて大きな声で笑ったりしています。まだ全共闘がいた時代ですから、激しく言い争いをしていたこともありました。そうかと思えば朝まで麻雀をしたり。エロ本のお世話になったりしたこともあるでしょう。

どれだけ私がストレスを抱えていたとしても、彼ら下宿生は我が家から見たらお金を落としてくれるお客様ですから、文句を言う筋合いではありません。

私が何よりも心苦しかったのは、彼らのご飯の世話をする母親を見ることでした。母は朝と夜、いつも彼らの食事を用意しなくてはなりませんでした。毎日、私たち家族全員の食事に加えて、食べ盛りの十人分の食事を作らなくてはならない。

母がそれを苦労と思っていたかどうかは分かりません。でも子どもの私から見たら、いつもは「勉強しなさい」と口癖のように繰り返す母ではありましたが、そんな母を知らない大人の男に獲られてしまったようで、ずいぶん寂しい想いをしていたものです。

そんな母の姿を見るのが嫌で、家に帰るのが憂鬱で仕方なかったんです。

ダメダメだった高校生時代

そんな小学校・中学校生活を経て、私は地元の私立高校に入学しました。

人間って不思議です。その頃になると、あれだけ嫌っていたはずの下宿生が自宅にいるということにすっかり慣れていました。それどころか、年齢が少し上の彼らは私にとって良き先輩であり、良き遊び相手でした。

ある日、下宿をしていた専門学校生が卓球台を作ってくれました。それが嬉しくて、その後も何年か卓球をしたものです。しかし、私が夢中になったのはもっと別の遊び。麻雀を覚えた私は、メンツが足りないからといってよく声をかけられ、朝まで卓を囲むようになりました。やがてメンツが足りている時でも自発的に仲間に加わるようになり、最後には自分から下宿生を誘うようになりました。

あれだけ嫌だった我が家ですが、こうなると天国です。

朝まで打ち、明るくなった頃に下宿生たちはそれぞれの部屋に戻っていきます。彼らが「も～眠いから今日の授業は出ない！」なんて言っているのを聞きながら、こっちはのろのろと学校に行く支度をします。

何しろ、一応こちらは高校生なので、学校に行かなくちゃなりません。これが辛い。徹夜明けというのは、眠くはなくても頭が働かないんですね。ぼーっとしていて、学校に行っても何も頭に入ってこない。

そんな調子で授業をやり過ごして家に戻って少し寝て、ご飯を食べてお風呂に入ると、下宿生たちが手で牌を混ぜる仕草をしながら誘いに来る。こっちには断る理由がないので、めんどくさいなあという顔をしながら「麻雀っすか？　あー、勉強しなきゃいけないんだけどなあ。まあ、いいっすよ」。本当は嬉しいくせに。

そしてまた朝になって、学校に行く準備をする。

その時、部屋で寝ている下宿生を見ながら「こいつら、勉強もしないで親の金で遊んでいるんだよなあ。うらやましいなあ」と思ったことを覚えています。一緒に麻雀している奴が何を言ってるんだ、という話もあるんですけどね。


そんな高校生活でしたから、遊ぶのが忙しくて、せっかく始めたバスケットボール部も一年半くらいで辞めてしまいました。（もう一つ、すごく練習がキツかったという理由もありました）

その代わり、休みになると映画をよく観に行きました。

私が高校に入った昭和四十年代後半は東映ヤクザ映画の全盛期。今の若い人には信じられないかも知れませんが、ヤクザの抗争を描いた映画が大ヒットしてたんです。

有名な「網走番外地シリーズ」だけで十タイトル、「新網走番外地」で八タイトルも作られたほどです。

当時の若者は、真っ暗な映画館の中で高倉健さんや菅原文太さんの背中のイレズミにしびれたものです。よく「東映の映画館を出た男たちは、誰もが肩で風を切って歩く」なんて言われました。

私もその一人でした。私が高校に入学した年に「緋牡丹博徒」と「新網走番外地」が封切られ、私も大垣・郭町の大垣東映までよく観に行ったものです。

しかし私が最も憧れていたのは、健さんでも文太さんでもありません。毎回、ヤクザ映画を観るたびに私の心をわしづかみにしていたのは、あの「上納金」という仕組みでした。私はヤクザになりたいなんて思ったことはありません。でもあんな風に、自分が働かなくてもどんどんお金が入ってくる仕組みがあればいいのになあ……なんてぼんやりと思っていました。まあ、真面目に勉強して、まっとうな仕事をしようという気がまったくない、グータラ学生の夢想に過ぎません。

初めてのケンカで歴史的大敗をする

そして真面目に登校しない私が、さらに高校に行かなくなる事件が起きました。

私は高校二年生でした。

当時はまだ高校を出て就職する学生も多く、学内にはいわゆる「就職組」と「進学組」という二つのコースがありました。

私は「まだ遊んでいたい」という理由で、当然のように進学組のクラスを選択。もちろん、進学組といっても真面目に勉強していたわけではないのは先ほども書いた通りです。

私がいた高校では、一つの学年で一つのフロアを使用することになっていました。しかしどの学校でも「就職組」と「進学組」はお互いに反目……とまではいかなくても、変なライバル心があったのも確かです。

学校もそれを心得て、問題が起きないように長細いフロアの両端に就職組と進学組を配置し、その中間部には非武装中立地帯として女子クラスがあるというレイアウトになっていました。

ある日、私は就職組の男子学生から「放課後に屋上へ来い」という呼び出しをくらいました。原因は覚えていませんが、肩が当たったとか、目つきが気にくわないとか、そんなどうでも良いことだったと思います。

それまでケンカなんてしたことありませんでしたが、売られたケンカを買わないのは男として恥です。だってほら、健さんが相手を前にして逃げるはずがないでしょ？

それに、私には勝算がありました。

相手は身長百六十四センチくらい。僕は百七十四センチでしたから、こちらが少し見下ろす感じ。そんなチビ助に負ける気がしない。しかもこちらは毎週「ワールドプロレスリング」を欠かさず観るほどのプロレス好き。四歳下の弟と小・中学校の時に数々のデスマッチを繰り広げたものでした。

だから勝つ気満々で、遊び気分でヤツに着いていきました。バカですよね。ケンカ？上等だよ。そっちがどんな攻撃をしてきても、こっちはヘッドロックから必殺の胴絞めをくらわせてやる。俺の胴締めはちょっとしつこいよ。お前なんか一瞬でギブアップさせてやるぜ。わははは……ってなもんです。バカとしか言いようがない。

勝負は数秒でつきました。

こちらはプロレスだと思っていますから、相手と組み合おうとします。でも、相手はボクシングなんです。予想外の異種格闘技戦。こちらが組み付こうとした瞬間、右フックを入れられました。あれ？　なんか様子が違うと思ってももう遅い。何しろ顔をガードするとか、殴り返すなんて発想がまったくありません。

顔面を数回殴られ、「分かった！　お前の勝ちだよ」と、精一杯の捨て台詞を残すしかありませんでした。

ケンカに負けたのが悔しくて悔しくて。

真面目に学校に行ってなかった私でしたが、その一件以来、ますます学校に行くのが嫌になりました。

幸い、自宅にいれば遊び相手に困ることはありませんでしたから。毎日、麻雀をしながら「もう嫌だ。こんな町、必ず出て行ってやる！」って思っていました。

ケンカ以降はほとんど学校に行かず、家で麻雀。たまに外に出たかと思えばパチンコ屋か単車でふらふら。出席日数が足りず、退学寸前まで追い込まれたこともあります。それほど、ケンカに負けたというか、ケンカにすらならなかったことが私の大きなトラウマになりました。

東京に行こうと決める

三年になり進路を決めることになりました。学校にろくに行ってない私でしたが、一応進学組でしたから、進路を決めなくてはなりません。

私の希望としては、その高校は日本の有名なマンモス大学の付属高校でしたから、できればエスカレーターでそのまま進学したいと思っていました。いや、普通に進学できるものだと思っていました。甘いですよね。

普通なら進学できたのでしょうが、学校に行かない、宿題は提出しない、テストの成績は良くないという「普通じゃない」学生を乗せてくれるほど間口の広いエスカレーターはありません。私は推薦枠から外れてしまいました。

じゃあ、どこに行くか。

ホンネを言えば、私としてはどこでも良かったんです。何しろ、いつも遊んでいたのは岐阜の田舎の大学生です。彼らは気楽そうだし、楽しそうだし、自分もそんな田舎の大学が向いているんだろうなあ。ま、大垣でなければどの大学でもＯＫだと思っていました。

それに、自分が偉そうに大学を選べる立場ではないということは、なんとなく推薦を落とされた時点で身に沁みていましたから。

高校三年の春、大垣の市場でアルバイトをしていた私は、Ｙさんという大学生と知り合いました。Ｙさんは東京のマンモス大学に通っており、春休みを利用して大垣に帰省したついでにアルバイトをしているということでした。

休憩時間中にいろいろと話しているうち、Ｙさんから「安藤くん、東京は面白いよ。こんど遊びにおいでよ。案内するから」と言われました。しかし私はまったく乗り気になれませんでした。

なぜって、東京でしょ。当時の私にとって、東京は学生だらけの町というイメージでした。なんでそう思っていたのか分かりませんけど、そこら中に美しいキャンパスの大学があって、どこを歩いてもお洒落な大学生に出会うような街だと思っていました。そんな窮屈な環境で暮らすのはご免だと思っていたんです。何か勘違いしてたんでしょう。

それでも興味はあったので、春休みの後半、Yさんを頼って東京へ遊びに行きました。そんな暇があるんだったら勉強しろって話ですけど。

とにかく行ってみると、想像していたのとはまったく違う。

東京タワーに上がってみたら、美しいキャンパスなんてどこにも見えやしません。お洒落な大学生は一人も歩いていません。ただただ雑然とした大都会の街並みが無限に続くばかり。こんな光景を大垣で見たことがありません。自動車の騒音と店頭のスピーカーからの音楽、そして行き交う人の笑い声が作りだす喧噪が朝から晩まで続いている。

こんな面白そうな場所で暮らせたら楽しいだろうなあ。私は一発で気に入ってしまいました。しかも、これだけ多くの人がいるにも関わらず、ここには私が大垣でケンカに負けたことを知っている人はいないのです。大垣から逃げ出したいと思っていた私にとって、むしろそちらの方が魅力でした。それだけの理由で、私は東京の大学に行くことを決めました。

東京の大学をいくつか受験し、たくさんの桜の花びらを盛大に散らしたあげく、最終的に私は中央学院大学の商学部に進むことになりました。

ここで「えっ？」と思った方もおられると思います。そう。中央学院大学は東京ではなく千葉県の我孫子市にあります。生まれて初めて聞く地名でしたが、「まあ、同じ首都圏なんだから東京も千葉も大差ないだろう」と高をくくって入学したのです。

合格通知を手に、私は下宿を探すために我孫子に向かいました。上野駅からJR常磐線で約三十分。ホームに降り立った私は、衝撃の光景を目にします。

「ナニ？　この田舎の駅は！」

私が憧れた喧噪はどこへやら。駅前の小さな商店街には静かな時間が流れています。行き交うのは善良そうな典型的日本人ばかり。ただ一つ違っていたのは、彼らの話す言葉が耳になじみのない平坦なイントネーションであったことくらいでしょうか。これなら、大垣の方がよっぽど都会です。

気を取り直してタクシーに乗って、私は耳を疑いました。

「中央学院大学？　そんな大学、この近くにあったっぺ？」

こうして、私のダメダメな大学生活がスタートしたのです。

2 運命の出会い

少林寺拳法と出会う

思っていたのとは少し違っていたけれど、憧れていた首都圏の暮らしです。

ここで普通の人は心機一転して勉強を始めたり、お洒落に目覚めたりする、いわゆる「大学デビュー」を果たすのでしょうが、私の場合は違いました。何しろ高校時代の三年間、毎晩鍛えた麻雀の腕前があります。大学でできた友人と、毎晩のように麻雀をしていました。何のことはない、やってることは高校と変わりません。

しかし、いくら岐阜の大学生と打っていたといっても、しょせんは地方大会に過ぎません。千葉県とはいえ、ここは首都圏の大学ですから全国から学生が集まっています。毎晩、全国レベル（?）の猛者と命を賭けた戦いを繰り広げました。

負けが続けば生活費が困窮しますから、文字通り「生命」が危機にさらされるわけです。私は決して強くはありませんでしたが、それでも勝ったり負けたりしながら何とか暮らしていました。

相変わらずな大学生活でしたが、一つ大きな変化がありました。

少林寺拳法を始めたのです。

少林寺拳法部に入った理由は、ただ強くなりたかったから。高校二年の時、屋上でケンカして負けたことがトラウマで、そんなカッコ悪い自分を変えたかったんです。そのためにどうすれば良いか。答えは簡単、ケンカに強くなればいい。

少林寺拳法は、よく中国の少林寺で生まれたと思っている人がいますが、正しくは日本で生まれた武術です。護身鍛錬と精神修養、そして健康増進という「三徳」を目的としています。

練習は週に五回。準備運動の後、一時間ほど基本の突きと運歩法。その後に体育館で術稽古へ。練習自体はそんなに辛くはありません。高校時代のバスケットボール部の練習の方がきつかったくらいですから。

楽しかったのは、週に一回の「乱取り」。空手でいう「組手」、ボクシングの「スパーリング」、要するに自由に技をかけあう試合形式の稽古です。先輩は実力の半分くらいのスピードで蹴ったり殴ったりしてくるのでしょうが、入部したばかりの頃は目が慣れていないため、まともに打撃をくらいます。胴は防具を付けていますし、顔面は寸止めなので当たることはありません。高校の頃のバスケットボール部の方がきつかったくらいです。

それでも、運動部ですから「一年は奴隷、二年は平民、三年は天皇、四年は神様」という上下関係が明らかに存在していました。でも、それ以外はとてもアットホームで、良い人たちばかりでした。

そんな人たちとワイワイガヤガヤ過ごしながら、私にしては珍しく、毎日練習に励みました。高校時代のバスケットは団体競技で苦労しましたが、少林寺拳法は個人競技のため、私に向いていたんです。しかも私は同時に入部した七名の新入生（夏の合宿で、世話をしてくれた女の子に惚れて一人退部してしまったため、実際は六名）の中でも私は背が高く、他の部員よりも体格的に恵まれていたという状況もあったと思います。

しかし私が練習に励んだ目的はただ一つ。ケンカに強くなることです。

そして人間、目的のためなら今まで見たこともないチカラがわいてくるんですよね。

大学二年生になった頃、指導者との考え方の違いから少林寺拳法部が二つに割れ、血気盛んなグループが新しいサークルを立ち上げるという騒ぎが起こりました。

私も新しいグループから誘われましたが、断りました。だって、私が求めていたのはケンカに強くなることだけでしたから。そんな内紛騒ぎなんてまったく興味がありません。

メンバーがごっそり減ったため、私は二年生にして主将になりました。初めて挑戦した初段の試験にも見事に合格しました。

そして三年生になり、さてこれから少林寺拳法部の活動が本格化するというタイミングで、私は急速に少林寺拳法から興味を失うことになります。

理由は二つあります。

少林寺拳法を続ける目的を失う

一つは、初段を取ったことで「もうこれ以上強くならなくてもいいや」と思ったこと。いえ、本当は、ケンカに勝って目標を達成したからでした。

もう時効なので言います。

当時の監督は、私たちによくこう言いました。

「キミたちは、自分の手足に刃物を持っているのと同じだから、決してケンカなんてしてはいけないよ」と。

それを聞いて、私は「本当かな?」と思うわけです。「自分が本当に強くなっているのか?」「試さないと分からないじゃないか」と。

私が初段を取ったすぐ後でした。私が友人と新宿のお好み焼き屋で飲んでいた時のことです。隣の席のグループが、私たちに聞こえるように大きな声で言いました。

「こんなチンケな店に、坊主二人で入りやがって」

あ、坊主というのは私のことです。少林寺拳法部は坊主頭がルールだったので。

自分たちのことを言われているというのはすぐ分かりました。相手は男三人、女三人。図体はでかいけど、普通に背広を着ているからサラリーマンでしょう。酔った勢いで、女の子に良いところを見せるために学生の私たちをからかった、という感じ。

対するこちらは男二人。どちらも少林寺の坊主頭。

頭に来たのが三割、自分の「刃物」を試してみたかったのが七割で、友人に小さく「やるか？」と言うと、ヤツも「おう」

立ち上がってつかつかと歩みより、男の胸倉をつかんで縦拳を一発。これが自分でも拍子抜けするくらい決まったんです。

擬音で表現すれば「ピシーッ！」という感じ。乱取り稽古では相手の顔に突きが命中することは少ないのですが、この場合は素人相手ですから面白いように入り、男は一瞬で気を失って倒れてしまいました。

次の瞬間、私の横でも同じように友人の「ピシーッ！」が決まり、殴られた男がテーブルの上に吹っ飛んでグラスが割れ、女の子たちが悲鳴をあげ始めました。

やばい！　逃げよう。

そういうわけで、自分が強くなっているということはウソじゃなかったという確信を持ちました。今から考えると、その社会人には申し訳ないことをしてしまいました。相手は大柄でしたが、私たちはもっと大きくて強い先輩たちと毎日乱取りしていたわけですから、まともに戦えば私たちが負けるはずありません。今、彼らがどこで何をしているのでしょう。まさか、この本を読んでないと良いのですが。

実はこの後にも、もう一度「腕試し」をしました。この時はバイト先で知り合った友人と飲んでいたら、同じように調子づいた若者グループから因縁をふっかけられ、友人が「やる？」、私が「もちろん」で、「ピシーッ！」。あっと言う間に若者グループが地面に倒れていました。

さっきも言ったように、目的はケンカが強くなることですから。こうしてケンカに勝ったことで、目的は達成できたわけです。

もっと練習を積み重ねてもっと強くなって、より強い相手を倒すという関わり方もあるのでしょうが、元来努力とか競争とかが嫌いな私ですから。

「もう、この辺でいいかな」

そう思って主将を友人に譲り、自分は好きな時に練習に行き、行きたくない時にはさぼるという身分に落ち着くことにしました。それが、少林寺拳法に対する興味を失った一つ目の理由。


そしてもう一つの理由が、「女」です。

恥ずかしながら、一目惚れをする

大学一年生の頃は、「神様」でもある少林寺の四年生の先輩の命令で毎日練習のために学校に行き、授業もマジメに出席していました。といっても、出席さえしていれば単位は取れる講義がほとんどだったのですが。

二年生になると後輩ができて「平民」となり、下宿も松戸市から柏市へと移りました。少すると新しい場所でも友人（雀友）ができ、週に一度は雀荘に通うようになりました。少林寺が二つに割れてからは余裕もでき、二日に一度は雀荘に通うようになりました。当時は友人と毎日なにかの賭け事をしており、麻雀とは何も関係ないことでも賭けの対象にしてワイワイガヤガヤと盛り上がったものです。楽しい日々でした。

大学三年生のある日。当時、近所のアパートに住んでいた少林寺拳法部の友人が、同じアパートに住む顔見知りの女子学生に「女友だち」を紹介してもらうことになりました。

そして私の友人が女友だちを紹介される当日、たまたま私が友人宅に遊びに行ったのです。成り行き上、私もその女友だちを紹介してもらいました。

もう、こんな使い古された表現をしたくないのですが、これしか思い浮かばないのですから仕方ありません。

「一目惚れ」でした。うわっ。恥ずかしい。

その女性は、私より二つ年下の短大の一年生。今まで会った誰よりもかわいくて清楚で上品でした。間違っても語尾に「ぺ！」なんて付けたりしません。私のタイプそのものです。しかも東京本社の中堅企業の重役令嬢で、山手線の内側に戸建てを持つお嬢様です。

男二人、女二人が一つ部屋の中ですることと言えば……。残念ながらこたつを囲んでワイワイガヤガヤのお喋りです。卓を囲んでいる間、私の頭の中では「今、この人とつきあえなかったら、もうこんな女性と巡り合うことは二度とないぞ！」とアラームがなり続けていました。大げさではありません。何しろ、今つきあえなければ、このまま死ぬまで何もないに違いないのですから。

惚れるということは、冷静さを失うということでもあります。

私はお喋りの最中、彼女とまた会うにはどうすれば良いかを考え続けました。必死でした。

「もしよければ、明日はみんなでドライブしない？」と私。

「でも、明日はバイトだから」と彼女。

「いいじゃんいいじゃん、休んじゃえば？」と彼女の友人。

「そうだよ。せっかく知り合ったんだし」と私。

「どうしようかなあ」と彼女。

「行こうよ。私も行きたいし」と彼女の友人。ナイスアシスト！

「うーん、じゃあ、行こうかな」と彼女。

「よし、じゃあそれで決まりね」と私。

「はい」と彼女。

その時、彼女が私のことをどう思っていたかは分かりません。彼女がしぶしぶOKを出してくれたのは、間違いなく私の強引さに負けたのでしょう。私ときたら、彼女がOKしてくれるまで絶対に引き下がらない覚悟でした。なにしろ、彼女は私にとって人生最大の運命の女性だったのですから。

次の日も、その次の日も、毎日（結婚するまで）電話をしました。ある夜、思い切って「二人きりで会わない？」と私が言うと、彼女はあっさりとＯＫを出してくれました。その日から二人はつきあい始め、週末は必ず会うようになりました。

旅行が好きだった彼女に合わせて、長い休みは必ず旅行に行きました。時には泊まりで京都や奈良まで出かけました。また夜明けとともに、横浜まで二人きりでドライブをしたこともあります。（もっとも、それは千葉から横浜までトラックで荷物を運ぶアルバイトをした時、こっそりと彼女を助手席に乗せてドライブ気分を楽しんだだけなのですが）。

彼女とのデートの機会が増えると、もう少林寺拳法部の練習なんてしている場合ではなくなりました。私は副主将でしたが、もうこれ以上ケンカが強くなる必要もないわけですから。四年までダラダラと続けて最終的には二段を取りましたが、少林寺よりももっと大切な、彼女との活動に身を入れるようになったのは当然の成り行きでした。

その彼女が、今の女房です。

就職活動よりも大切なことがある

しかし彼女との活動に注力するあまり、私は大学生に必要な二つの活動をないがしろにしていました。一つは当然ながら勉学。そしてもう一つが「就職活動」です。

学生時代はいろんなアルバイトをしました。なにしろ実家からの仕送りは月三万円でしたから、家賃の一万円を支払うと残りは二万円。三食を食べるには、バイトせざるを得なかったのです。上野の喫茶店や銀座のクラブ、弁当の配達、トラック運転手など、手当たり次第アルバイトを掛け持ちしました。雀荘で知り合った社長さんの紹介で、麻雀友だちと富士山の近くの工場まで行き、タコ部屋に住み込んでボルト締めのアルバイトもしました。その時は一週間働いて、最終日にその稼ぎを賭けて徹夜で麻雀をし、一文無しで東京に戻りました。まったくバカですよね。

しかしそれらは単純に生活費（と、彼女とのデート費用）（と、麻雀の借金返済費用）を稼ぐためであり、将来に向けて何かをするための蓄積などという発想は一切ありませんでした。

四年生になっても、将来、何になりたいかなんてこれっぽっちも考えたことはありませんでした。

ただボンヤリと「そろそろ就職活動しなきゃいけないのかなあ」と思い、「もし俺が就職して岐阜に帰るようなことになれば、彼女と別れなきゃならないのかなあ」と思考が進み、それより先の未来と向き合うことが怖くて思考停止に陥る。その繰り返しでした。

彼女と別れなくて済む方法はないだろうか。私は考えました。まさに全身全霊をかけて。そしてたどり着いたのが「いっそ結婚してしまおう」という究極の解決策です。彼女も喜んでOKしてくれました。

結婚の許しをいただくため、彼女の実家を訪れました。慣れないネクタイを締めて。緊張しながら「二人の結婚を許してください」と言うと、彼女のお父さんから、シンプルな返事を頂戴します。

「許さん」

そりゃそうです。私も娘を持つ父親ですから、今となっては彼女のお父さんの気持ちが痛いほど分かります。岐阜の片田舎から出てきて、駅前のタクシー運転手さえ知らない大学で麻雀ばかりしている、しかも就職さえ決まってないような男に、大切な娘を嫁がせるはずがありません。

でも、お父さんは条件をつけてくれました。

「ただし就職して二年後、まだおつきあいが続いていたら、結婚を許そう」

　この言葉も、娘を持つ父親としてはよく分かります。もし頭ごなしに反対していたら、娘から完全に嫌われてしまいます。父親が最も辛いのは娘から嫌われることですから。だから一〇〇パーセントのダメではないけれど、今はダメだといって結論を先延ばしにして時間による解決を図ろうとする戦略です。

　事実、後にお父さんから「あの時は、卒業して二年もたてばどうせ別れると思っていたから」と言われました。さすが、企業の取締役ともなれば言動に無駄がありません。

　しかし私がお父さんのそんな深慮に気がつくはずもありません。私が思っていたのはまったく別のことでした。

「しめた！　これで二人の交際を父親が公認してくれた！」

　実は京都や奈良に旅行をする時、彼女は当然「女友だちと一緒に行く」と、アリバイ工作をしなくてはなりませんでした。しかしこれからは堂々とお泊まりデートができるのです。何しろ、私たちは父親公認なのですから。

　相変わらずダメダメな大学生です。

自分が何をしたいのか分からない

しかし彼女のお父さんに認めてもらうには、まず就職しなくてはなりません。改めて自分がどうなりたいかを考えてみました。

まったくイメージできませんでした。商学部ですから、特別な専門知識があるわけじゃない。資格もない。一番力を入れたのは少林寺と麻雀ですが、特技欄に書いて企業の担当者にアピールできるとは思えない。アルバイトだって目的を持ってやってたわけじゃない。まったく、困ったものです。

今、就職活動をしている学生が堂々と将来の夢を語っている姿を見ると、心の底からスゴいなあーって感心します。

そんなある日、剣道部に所属していた友人から朗報を聞きました。その友人の先輩が大手事務機器商社の総務にいて、ウチに来ないかと誘われたというのです。

「でね、その先輩から、友だちでウチに来たいというヤツがいたら連れておいでって言われたんだけど、安藤も行く？」

ラッキー！　事務機器の商社ってよく分からないけど、コピーや電子計算機（当時、コンピュータやファックスなんてまだ存在していなかった）を扱う仕事でしょ？　と、それくらいの認識です。それよりも、これで就職活動なんてしなくて済む。ああ、良かった、という気持ちの方が強かった。本当に単純バカみたいですが、それくらい、どういう会社に行きたいというイメージが三〇〇パーセントなかったんです。

しかも、大手の事務機器商社ならば彼女のお父さんも許してくれるに違いない。

私に「断る」という選択肢はありませんでした。

3 迷走を続けるサラリーマン時代

入社二カ月で辞表を提出する

就職したYという会社は、青森から三重までのエリアで事務機器を扱う商社です。意外に簡単に就職が決まった反面、私には一つの不安がありました。それは、どこに配属されるか分かったものではないということです。

もし東京から遠い営業所に配属になったら、彼女と離れ離れになってしまいます。せっかく彼女と結婚したいから就職したのに、それでは本末転倒です。……って、結婚するために就職を決めた時点で大幅に本末転倒しているのですが、本人は気づいていません。

当時は今ほど新入社員研修がしっかりしていません。社会人のマナーさえろくに教えてもらえないまま、すぐに現場に入ってOJTが始まります。

私が配属されたのは、なんとY社の岐阜営業所。多分、会社側が考慮して、私の出身である岐阜に配属してくれたのでしょう。余計なお世話です。これで遠距離恋愛が決定。

それでも私は、自分なりに真面目に働きました。

二カ月後。私は辞表を出しました。

短いと思いますか？　確かに私も短いかも、とは思います。でも、彼女に会えない生活が耐えられなかったんです。人によっては「社会人なんだから、そんな甘えたことでどうする！」と怒る人もいるかも知れません。

でも、毎日楽しくないと思いながら、ストレスを抱えながら、その気持ちをごまかしごまかし歯をくいしばって生きていくなんて耐えられませんでした。

ホリエモンの本「ウシジマくんVSホリエモン　人生はカネじゃない！」に、こんな言葉があります。会社を辞めたくても辞められないという悩みで悶々としている(大多数の)サラリーマンを、彼はこう切って捨てます。

〝辞められない理由は簡単だ。単にプライドが高いからだ〟

私もプライドの高さでは他人にひけを取りません。でも、この時ばかりは自分のプライドを守ることよりも、彼女に会えない方が大問題だったのです。

入社三日目で辞表を提出する

では会社を辞めてどうするか。

私は調律師になることを決めました。というのも、彼女は音楽大学を卒業してピアノの講師をしていましたから、私が調律師になればいつも一緒に仕事をしていられると思ったのです。

え？　今までピアノのピの字も出てなかったじゃないか？　その通り。これまでの私の人生に、ピアノとの接点はまったくありませんでした。

後になって冷静に考えれば無謀だと分かるのですが、その頃は相変わらず冷静な判断ができない状況が続いています。

彼女も、ピアノに触れたこともない私が調律師をめざすと言い出した時点で忠告してくれれば良いのですが、残念ながら素直過ぎる性格のため、「調律師？　分かった。頑張ってね」とあっさり受け入れてくれました。

調律師になるため、私は千葉に行き、毎日彼女の家まで通って調律師に必要な音感を磨くための勉強をしました。本気です。二カ月後、メーカーが主催する音楽に関するテストを受験。見事に不合格通知をいただきました。仕方なく再び大垣に戻り、少しでも彼女と近い職に就くために楽器販売店に就職しました。


楽器販売店に出社して一日目。

先輩から「ピアノの搬入があるから付いてきなさい」と言われて同行すると、思っていた以上に大変な仕事だと気づきました。

ピアノが重いんです。アップライトピアノで二〇〇キロ以上。それを二人の社員で持ち上げて運ぶのですから、肩には一〇〇キロ以上の重量がかかります。

あまりに肩が痛くて、一台を運んだところでぜいぜい言っていたら、いかにも体育会系の先輩から笑われました。

「おい安藤、これくらいでへこたれてどうするんだ！」

そして、痛くて仕方ない私の肩をどーんと叩いて私を呼吸停止にすると、さわやかにこう言い放ちました。

「みんなで力を合わせて、明日からもどんどんピアノを売っていこうな！」

冗談じゃない。こんな仕事が毎日続いたら、身体がボロボロです。

よく考えてみたら、前の会社で扱っていたのはコピー機などの事務機器です。いくら当時の事務機器が今より大きいとはいえ、さすがにピアノより重いことはありません。もしかしたら選択を間違った？　二日間悩みました。そして三日目の夕方、私は楽器販売会社の上司に辞表を出し、その足で元のY社の名古屋支店長の自宅を訪ねました。

「すみません。また働かせてください！」

さっき、私はプライドの高さでは他人にひけを取らないと書きましたが、勘違いだったかも知れません。

ともあれ、私は再びY社で働かせてもらうことになりました。二度目の入社ですから、もう逃げ出すわけにはいきません。

鬼の上司のいじめに耐える

再入社して最初に配属されたのは、前回と同じY社の岐阜営業所。私の直属の上司は、厳しいことで有名だったO部長。

後にその会社の役員まで上り詰めた人なので、今から思えばすごい人だったのでしょうが、入ったばかりで学生気分の抜けていないというか、学生気分しかない私にとっては鬼のように見える人でした。

まずO部長、人使いが荒いんです。

毎朝、近所の喫茶店のコーヒー代金を渡され「おい安藤！　これで七人分のコーヒーを買ってこい」と言われます。

七人分というのは当時オフィスにいたメンバーの人数です。当時、Y社は全員でコーヒーを飲みながら電話営業をするという慣習があったものですから。何にせよ、私は少林寺拳法部で上下関係を叩きこまれてきましたから、先輩の命令は絶対です。雨の日も風の日も、雪が降る日もコーヒーを注文しに行きました。あ、さすがに雨の日に七人分のコーヒーをお盆に乗せて移動するのは大変なので、必ず傘をさす係の先輩がつきそってくれましたけどね。

O部長ですが、次に言い方がキツい。

私が少しミスをしただけで「安藤！　てめえは馬鹿か！」と言われます。

もちろん、そう言われるのは私にも原因があります。

入社した頃、私はコピー用紙や感光紙などの消耗品を文具店に配送するルートセールスを任されていました。しかし、私は忘れ物大王で、どこかに行くたびに何か忘れ物をする名人でした。

私がお客さんのお店を出ると、必ず商品の一部を忘れている。お店の人が気を利かせて電話してくれる。それがO部長の耳に入る。

そんなことを知らずに会社に戻ってくると、私が「ただいま戻りました」と言い終わらないうちにO部長のカミナリが炸裂します。

「安藤！　てめえこら、商品を忘れてきてるじゃねえか。バカヤロー！　もう一回行ってこい！」

慌てて店に戻って商品を回収して再び事務所に戻ると、改めてO部長の説教タイムが始まります。これが長い長い。

このO部長と言う人、自分で話しているうちにどんどん気分がエスカレートして止まらなくなるタイプ。よくいませんか？　そういう人。

こちらが黙って聞いていると、ますますテンションが上がってどんどん激しい口調になってきます。かといって、まさか反論しようものなら今まで以上に大炎上を起こすことは確実。どっちにしても厳しく怒られます。

それが何度も続くと、こいつは何をしてもダメなヤツだというレッテルが貼られ、O部長も私を見ると必ず「安藤！」とパブロフの犬のように怒号を発し、私もビクターの犬のようにじっと聞くという関係になってしまいました。

しかも、私は岐阜県高山エリアの担当になってしまいました。同じ岐阜県とはいえ、営業所のある岐阜市から高山市までは車で四時間以上かかります。ですから取引先を回るのも一泊二日の「旅行」です。月に一度とはいえ、私がなぜそんな貧乏くじを引かねばならんのか。どこまでも続く一本道でライトバンのハンドルを握りながら、よく自分の不幸とO部長を呪ったものでした。

それでも、私は会社を辞めようとは思いませんでした。だって、同じ会社に二度採用してもらい、また逃げ出したとあっては人間としてダメ過ぎることは分かります。それにO部長は厳しい人ではありましたが、営業マンとしては一流で、私はこの人から営業マンとして大切なことをたくさん教えていただいていたのですから。まあ、その当時からそれを分かっていたと言えばウソになりますけど。

環境が変わると、運命も変わる

しかし一年近くもこういう関係が続いていると、さすがに名古屋支店長がこの状況を見かねて、私を名古屋支店に異動させてくれるという話になりました。

名古屋支店は岐阜の倍近い社員がいて、活気に満ちていました。良かった。名古屋に来て本当に良かった。何と言っても、これだけの人数がいるわけですから、さすがにこちらでは誰かがコーヒーを買いに行くという悪しき習慣はありません。その代わり、朝礼が終わると課長を含めたみんなで喫茶店に行き、ワイワイガヤガヤとしゃべってコミュニケーションをとり、テンションを上げてから営業に出かけるという習慣がありました。

私はこうしてみんなで過ごす時間が大好きでした。なんだか、昔、みんなで缶けりをした時の時間にまた戻ったような錯覚を感じたものです。

環境が変わると、いろんなことが好転し始めました。

特に変わったのが仕事です。

名古屋支店では、私は名古屋周辺の尾張地区の担当になりました。私の前にこのエリアを担当していたのはとても温厚な役員で、ガツガツ営業をしなくても毎年売り上げが右肩上がりで伸びていた地区でした。地区のせいだけでなく、事務機器業界全体が急成長を始めた時代でもありました。

そんな地区を担当した私は、もともと人と話すのは嫌いではありませんから、岐阜の時と同じような感覚でお客さんの会社に何度も顔を出しました。するとそれだけでお客さんから大いに可愛がっていただき、それに連れて売り上げが飛躍的に伸びました。この時初めて、岐阜でO部長から叩きこまれた細かい礼儀作法など、営業マンが外回りをする時にとても大切なことだったと理解できたのです。

しかし売り上げが急に伸びたことで、私は新たな悩みに直面することになりました。

このまま頑張れば、もっともっと売り上げを伸ばすことは難しくありません。しかし先輩たちを見ていると、売り上げが急激に伸びると、翌年には前年比数十パーセントアップという、誰が見ても不可能としか思えないようなノルマを課せられることは確実でした。

そこで目標達成ができないと、その後は別の地域への配置転換が待っています。

根っからの営業マンならそのプレッシャーが力になるのでしょうが、私はそういうタイプではありません。

せっかくラッキーなエリアを担当させてもらっているのに、配置転換で売りにくいエリアの担当になるなんてまっぴらです。そんな事態に陥らないように、二年目はできるだけノンビリとお客さんを回り、売り上げが必要以上に伸び過ぎないように苦労（？）しました（笑）。

これが成功し、二年目以降は毎年コンスタントに五〜十パーセントの売り上げ増を達成。何よりもコンスタントな成長を続けているという事実は東京本社にも聞こえたようで、私は入社から三年半で、同期入社十名の中で最も早く主任になることができました。しかも私の場合、入社年度は同じでも調律師をめざしていた間のブランクがありますから。ちっとも自慢になりませんけど。

就職一年目で七〇〇〇万円の借金を負う

しかし私にとって、Ｙ社での昇進は人生の中で大きな問題ではありませんでした。私の最大の関心事といえば、東京に住む彼女との遠距離恋愛です。もちろん毎晩電話で話す時間は楽しかったのですが、実際問題として、頻繁に東京に行くわけにもいきません。

就職して二年後もつきあっていたら、結婚を許す。

彼女のお父さんから言われた言葉だけが心のよりどころです。二年たったら、すぐに結婚をする。その日までの辛抱です。

しかし、結婚には別の障害がありました。私は出戻りでしたから、会社を辞めるわけにはいかないし、この上さらに東京近辺の営業所に異動を願うこともできません。すると、必然的に彼女を東京から大垣まで呼び寄せなくてはならなくなります。

東京に本社を持つ中堅手企業の重役令嬢が、大垣の、しがない公務員の家に嫁いでくれるものだろうか。彼女は良いとしても、彼女のお父さんが許してくれるだろうか。

どうすれば良い？

あらゆる方向から考えて、考えて、考えました。

大学時代、首都圏では休耕地にマンションを建築するのがブームでした。私は千葉県の柏市のアパートを借りていたのですが、大家さんはこのボロアパートを持っているだけで何もしなくても毎月何十万円もの家賃が確実に入ってくるのです。そんな人たちを横目で見ながら、私は「そうか、将来、実家の土地に自分のマンションかアパートを建てれば、俺も一生遊んで暮らせるなあ」などとぼんやり思っていたのです。それを思い出し、自宅の近くにほったらかしてある我が家の土地を使ってマンションを建てられないかと思い始めました。そうすれば、彼女も彼女のお父さんも納得してくれるに違いない。

父と母にこの計画を話してみました。

「これまでみたいな学生用の下宿じゃなくて、ウチの土地にファミリー用のマンションを建てれば、家賃収入で今までの貧乏生活から脱出できると思うけど、どうかなあ」

父は大反対でした。

当然でしょう。それまで半世紀以上もお金に窮する生活をしてきた父は、マンション経営に失敗した時のリスクを誰よりも怖がっていました。この上、頼みの土地と自宅まで手放すことになったら、もう我が家は食べていけません。

しかし母親は、私のアイデアに大賛成してくれました。息子が結婚できるなら、ということもあると思いますが、それより母も貧乏生活に飽き、一発逆転に賭けてみようと思ったのではないでしょうか。

母の説得に折れ、父もマンションの建設をしぶしぶ承諾しました。

建設資金は七三〇〇万円。これだけの金額を金融公社から借りるには、当時、一〇〇〇万円の預金残高が必要でした。当然、我が家の貯金残高は二五〇万円しかありません。

そこで建設会社の担当者のアイデアで、その二五〇〇万円で残高証明書を作り、すぐに引き出して担当者の車で別の金融機関に行って振り込み、そこで残高証明書を作る。これを一日のうち四度行うという荒業で一〇〇〇〇万円の残高証明書を用意し、三十五年返済で建築資金を借りることができました。当時は銀行がえらく威張っていましたが、土地さえあればなんとかお金を借りることができた時代でもありました。

総務省の消費者物価指数を見ると、現在の物価は当時（昭和五十年代前半）の約一・五倍ですから、単純計算で当時の七三〇〇万円は現在の一億円以上になります。就職したばかりの二十三歳の若造が、いきなり一億円近い借金をしてマンションを建てるのですから、今から思えば冒険……というよりも無謀な挑戦だったと思います。

でも、私はマンション経営が失敗するなんて思っていませんでした。四年間、東京の町を見てきて、これからは田舎でもマンションの需要が高まることは分かっていましたし、その少し前に田中角栄が唱えた日本列島改造論によって全国的に不動産の価値が上がることは分かっていたので。

絶対に失敗するはずがない……と思いつつ、もし失敗した時に「安藤」の名前が出ていると恥ずかしいと思ったので、建物名はまったく名前に関係ない「ルアールハイツ」としました。意味はありません。なんだかラリルレロで始まる名前って華やかそうじゃないですか。

設計は地元の建設業者にお願いしました。鉄筋コンクリートの四階建てという、大垣としては初の高層（？）四階建てマンション。部屋は２ＬＤＫ～３ＬＤＫのファミリータイプ物件です。

同業がいないから価格を決められる

問題は、マンション経営のノウハウが私たちにまったくないことでした。

四十年も前のことですから、不動産屋という商売はあっても、今のように不動産情報サービスなんて存在しないため、相談する相手もいません。だいたい、世間の人だって地域のマンション賃貸価格の相場なんてよく知りません。だから部屋の賃貸条件は、私が適当……じゃない、適切に判断して決めました（笑）。

まず家賃。これは周囲の不動産屋で話を聞き、三万三〇〇〇円に設定しました。次に敷金。これは最終的に入居者に返す金額だから、少し多く設定しても問題ないだろうということで、家賃の四カ月分。礼金はウチでいただく分だから、二カ月分は欲しいな。そして本家賃を一カ月分いただくとすると、合計で七カ月分か。まあ、これくらいにしておこうか……といったことを母に言いました。不動産屋も他に物件がないので、私の設定した料金を納得しました。

やはり最初は、どんなこともこちらの都合で話を進められるものだと感心しました。入居時に半年分以上の家賃が必要になるのです。最近、敷金・礼金ゼロなんて物件が登場していることを考えると、かなりバカげた設定ですよね。でも、不思議なことに入居者募集と同時に希望者が殺到し、すぐにマンションは満室になりました。

地域で事業を最初に手がけた人が、その地域での価格相場を決めることができる。この経験は、後に私に大きな影響を与えることになります。

このマンションは、両親に経営を任せることにしました。おかげさまで、その後もこのマンションは常に満室をキープし続けることになりました。

この実績を引っ提げて……といっても、別に決算書を持参したわけではありませんが、私は改めて彼女のお父さんに結婚の許しを請いました。さすがに二年間も交際が続いていましたし、お父さんも自分で約束したことですので、あっさりとOKをいただきました。

そして私が二十四歳、彼女が二十二歳の時、長い間夢に見ていた結婚がかないました。結婚式は名古屋の某ホテル。ハネムーンはアメリカのディズニーランド一週間。その費用は、マンションの入居者から預かった敷金・礼金を使いました。両親は「そんなことして大丈夫か？　敷金は退去時に返さなきゃいけないんだろ？」と心配してくれましたが、退去した部屋があっても、すぐに次の入居者が決まる時代でした。それも、今までより高い賃料を設定したにも関わらず、です。また退去しない部屋でも、二年に一度賃料の改定（早い話が「値上げ」です）を行うことを契約書に明記していたため、私はまったく心配していませんでした。

マンションはすべて私が建てましたが、土地担保はすべて両親のものでしたから、マンションの収入はすべて両親に渡した代わりに、二階の角部屋を私たちの新居として使うことにしました。

結婚生活は順風満帆そのもの。マンション経営に味を占めた私は、その後も二件のマンションを建設。トータルで二億三〇〇〇万円の借金です。さすがに三軒目を契約した時は、ストレスで胃炎を起こしました。

でも、私は自信がありました。だって、私が考えに考えた作戦です。失敗するはずがない。……というか、失敗なんて恐ろしくて考えられませんでした。

でも私の思惑通り、その後もマンションの入居希望者がとだえたことはなく、借金は三十五年も待たず、二十年で繰り上げ返済できました。三軒目の契約時には、公庫に返済しても一〇〇〇万円近い利益が手元に残り、家賃の上昇とともに利益は上がっていきました。以来、我が家が借金で困ったことはありません。

その代わり、別の困りごとが勃発するのですが、それは次の項で。

4 独立、起業、そして成功

二度目の退社をこっそり実行する

次の困りごとというのは、私が働いていた大手事務機商社・Y社のことです。給料は決して高くありませんでしたが、我が家は不動産収入があったため、そんなに気にしていませんでした。名古屋営業所に来てからは口やかましい上司からも解放され、仕事もうまく運び、何も不満はありません。

ただ一つ、そして最大の不満は、通勤時間の長さでした。

自宅から大垣駅まで徒歩で十三分。そこから七時二十八分発の電車に乗って、超満員電車でつぶされながら約四十分後に名古屋駅着。そこから会社まで歩いて二十分。トータル一時間ちょっとかかります。往復ですから、毎日二時間半。

これは私の人生にとってまったく無駄な時間だと思っていました。毎日毎日、本当に嫌で嫌で仕方ありませんでした。

そう言うと、「首都圏で一時間半なんて普通です」とか「安藤さんはつくづく会社勤めに向いてないですね」などと言われます。その通り。でも、ここは首都圏ではなく大垣です。それに、会社勤めに向いてる人なんていないと思います。誰だって、他人からそんな環境を強いられて嬉しいはずがありません。人間なんですから。ただ、それを我慢できる人とできない人がいるだけで。私の場合は、確実に「我慢できない人」でした。

以前も言ったように、名古屋支店長に直談判して再び入社させてもらった経緯があるため、簡単に会社を辞めることはできません。また、支店長の計らいで岐阜から名古屋に異動させてもらった手前、「また別の営業所へ」などと言いだすこともできません。私もそこまで厚顔無恥ではありません。

悶々としたまま、毎日無益な二時間半を過ごす私でした。

そして入社から六年後のある日、私の恩人であるY社の名古屋支店長が交通事故で亡くなってしまいました。これで私が義理立てすべき人がいなくなりました。会社を辞めるのに何の障壁もありません。……女房以外は。

その頃、女房は二人目の子どもを授かっていました。子どもたちのことを考えると簡単に会社を辞めるとは言い出せません。しかも、その理由が「通勤ラッシュが嫌だから」「営業目標が（ついに）上がってきて嫌になった」、さらに「岐阜で私が大いにしごかれたO部長が（ついに）名古屋支店に栄転して、配属された」だなんて。

どうしようかなあ。

あらゆる方向から考えました。そして私は、女房が出産のために実家に戻っていたタイミングを見計らって、誰にも相談せずに辞表を出してしまいました。同僚の数名から「辞めると大変だよ」と親切で言ってもらいましたが、大半は「安藤さん、辞めるの？　そう」で終わりました。その意味でも名古屋営業所の人間関係はドライでした。私は大好きでしたけどね。

実家から戻ってきた女房は、私の行動に心底から驚き、呆れていました。でも、辞めちゃったのはもうどうしようもありません。後は前を向いて歩くだけです。

現金問屋に卸して大儲けする

　昭和五十七年、二十九歳で私は独立し、大垣で事務機の販社をたった一人で始めました。前に勤めていたY社から事務機を仕入れ、私が販売ルートを開拓する。何のことはない、仕事は前職のルートセールスから直販セールスになったというスタンスです。

　開業に当たって銀行から資金を借りようとしましたが、私のように会社を辞めたばかりの人間に銀行はお金を貸してくれませんでした。当時は今と比べると銀行が圧倒的に高飛車でしたからね。だから母親からお金を借りて、机や椅子、電話などを買い揃え、大垣市の禾森《のぎのもり》交差点の北西角にある十坪の建物を月六万円で借りて事務所にしました。

　社名は「一枝システム」。私の名前から一文字、前の事務機商社の同僚で、辞めたがっていたので私が声をかけてウチに来ることになった男の名前から一文字を取って社名にしました。新会社の船出です。

　最初は私一人で大垣市内の事業所に手あたり次第に飛び込み、事務機器を売って回りました。半年後、さらに別の販売店を辞めた一人が加わって三人体制となってからは、三人で営業を回りました。

当初は目標なんて設定していません。とりあえず独立したばかりですから、生活ができるレベルが目標です。実際、飛び込み営業をすれば月に一台くらいはなんとか売れました。すると利益は数万～数十万円。月に全員で数台成約して、数十万円の利益が出れば良い、というイメージで始めた商売でした。

でも運が良かったんだと思います。

ちょうどその頃、あらゆる業界で事務の効率化が図られ始めた頃で、コピー機や売り出されたばかりのファクシミリ、ワープロなどが飛ぶように売れました。

そしてもう一つ、私は新たな販売ルートの開拓に成功しました。

ある日、テレビで「現金問屋」という商売があることを知りました。さまざまな商品を現金で仕入れ、自店で現金販売する。掛け売りのリスクや配送にかかるコストが必要なくなるため、コスト削減ができる。面白そう。さっそく電話帳で調べ、東京の現金問屋にどんな商品なら高く買い取ってくれるかを問い合わせてみました。

「そうやねえ。この頃人気のコンピュータなんかが安くなってたらすぐ買いたいねえ」

なるほど。コンピュータの仕入れならお手の物です。これなら面白い商売になるかも知れない。そして、いつものようにあらゆる方向から考えて、考えて、考えました。

ここから先は、今だから書ける話です。

当時、パソコンが出始めた頃で、シャープのＭＺ７３１やＮＥＣの９８０１シリーズがマニアの間で人気でした。しかし当時のコンピュータはとても高価で、まだまだ一般的な流通ルートに普通に乗っていなかった時代です。このコンピュータを大量に仕入れて現金問屋に売れれば利ザヤが稼げるんじゃないか。

以前も言いましたが、私がシャープ製品を購入する時はすべて前職のＹ社を通して仕入れていました。でも、今回も同じことをしたら利ザヤは大幅に減ってしまいます。

当時、Ｙ社は日本でもかなり大きな事務機の卸商社でした。ですから、営業としては奥の手を使ってメーカーから安く仕入れる方法も熟知していましたし、ひとこと言えば裏から安く卸してくれるメーカーの知人もたくさんいました。

私は、その一人であるシャープの名古屋支店の営業に問い合わせてみました。

「ＭＺ７３１が大量に欲しいんだけど、私から○○さんに直接発注したら、○○円だけ値引きして売ってもらえないですか？」

向こうとしては、私が独立して事務機の販社を立ち上げたことは知っていますが、昔からのつきあいなので無下に断ることはできません。しかも、売れ始めたばかりのコンピュータを大量に販売できるとなれば、営業の性《さが》として断れるはずがありません。すぐに商談がまとまりました。

最初はMZ731を一〇〇台購入し、そのまま現金問屋に持って行って換金し、販売代理店に支払いました。その差額がすべて当社の利益になります。

もちろん、商法上はちゃんとした商品の売買です。

他にもさまざまな販売店からコンピュータを大量に仕入れて大量に売りました。いえ、仕入れるなんてお行儀の良い言葉ではありません。むしろ「買い叩く」という言葉がピッタリの商売をしていました。コンピュータだけで一カ月に三〇〇台以上売った記憶があります。

これによって、自分でも驚くほど利益が出ました。すぐにベンツ500S（中古ですけど）を買いに行きました。人間、急にお金が入ると、することなんて知れています。

社長は孤独な仕事だと知る

私についてきてくれた二人もそれなりに給料は上がりました。同じ年のサラリーマンよりも圧倒的に高い給料を取っています。もちろん前職の給料なんて比べ物になりません。

しかし、彼らはいつも私に対して不満を持っていました。

それは、私が彼らよりもさらに高給を取っていたからです。

彼らの理屈も分かります。三人は同い年だから、利益はできるだけ等分に近い形で分配するのが筋じゃないか、ということでしょう。すごく嫌な言い方をすれば、彼らは「仲良しグループ」を作りたかったんだと思います。

でも、私にも言い分があります。

私の方が彼らの何倍も売り上げを作っています。さらに言えば、私が一人でこの会社を立ち上げました。創業資金もすべて私が母親から借りて工面したものです。事務所を借りる交渉も、会社の登記もすべて私が行いました。もしこの会社がつぶれたら、その責任はすべて私が負うことになります。そういう覚悟で私は一人でこの会社を作りました。

だから、私が社長をしています。後の人たちは、私についてきてくれた人ばかりです。

ですから、事業がうまく行き、利益が出れば出るほど、社長って孤独だなあと思い知らされるようになったのです。

しばらくすると営業アシスタントや事務の女の子を採用したため、一枝システムは六名ほどの会社になりました。始めは会議のたびに「みんなで力を合わせて頑張ろう」などと話していたのですが、次第に社員の態度がよそよそしくなりました。お昼休みにみんながワイワイ談笑しながらお弁当を食べているような時、私が外回りから事務所に戻ると、みんなすっと口を閉ざすんです。

それはもう露骨なほどに。

なんか嫌な雰囲気だなあと思いますが、社長って孤独な存在だから仕方ないと自分に言い聞かせ、その場は我慢します。

でも、そうして少しずつ心に蓄積された小さな不信感は、いつかコミュニケーションという血流を滞らせ、やがて人間関係に障害となって現れてくるようになりました。話をしているうちに、社員の売り上げを比べてつい嫌なことを言ってしまうのです。

「キミはどうして売り上げが低いの？　キミよりもあの人の方が売り上げを作れるよ」

そんな嫌味を、最初からついて来てくれた同い年の元同僚にも平気で言うようになりました。言われた方は反論できないので黙りこんでしまいます。黙られると、ついつい私も言い過ぎてしまいます。客観的に見れば、私が大嫌いだった前職のO部長と同じようなことをしているのですが、本人は気づいていないから仕方ありません。

売り言葉に買い言葉で、元同僚が「そんなに言うなら、もう一緒に仕事はできん。辞める！」と言おうものなら、私も平気で「ああ、辞めたら？」と言い返す。

創業して数年はこんな調子で、何人かが去って行きました。

今から思うと悪いことをしたなあと思います。さすがに今なら、人には向き・不向きがあることを知っています。人を用いるには、適材適所が基本だということも理解しているつもりです。でも、当時は高度経済成長の最中で、年功序列よりも実力主義こそが正義だと信じられていましたから。

それに、何より私も若かったですね。

5 レコードレンタル事業

レコードレンタルと出会う

社内の人間関係が希薄になるに従い、私は外回りに力を入れるようになりました。もともと人と話すのは嫌いじゃありません。むしろ大好き。

その中で、私の人生を大きく変えるような人にもたくさん出会いました。

昭和五十八年、営業に行った先で知り合ったOくんもその一人です。

Oくんは私と同い年の二十九歳。岐阜市で経営している二店のレコードレンタル屋が大当たりし、若くして外車を乗り回していました。初めて会った日、外車好きということで盛り上がり、いろんな話をするうちに、彼は「次は大きなラブホテルを経営したいんだよ」という夢を語ってくれました。

「それなら、私はこれまで3棟のマンションを建てたことがありますから、建築資金の工面の仕方とか、建築会社との交渉の仕方なんかはアドバイスできると思いますよ。何か分からないことがあったら、何でも相談に乗りますよ」

私がそう言うと、彼はとても喜んで「お礼に、もし安藤さんがレコードレンタルの商売を始める気があれば、僕のノウハウをすべてお教えしますよ」と言うのです。

レコードレンタルか。考えたことなかったけど、儲かるならやってみてもいいかも。

それが、私とレコードレンタルビジネスとの出会いです。

ちなみに、Oくんは三年後に中古のラブホテルを購入し、オーナーになりました。

新車のボルボに乗り換える

レコードレンタルは、昭和五十年に川崎市にオープンした「円盤」がルーツだと言われます。その後、昭和五十五年に立教大学の学生が開業した「黎紅堂」が、当時のレコードの定価の一割程度で貸し出すというサービスを始めて大当たりしました。全国にフランチャイズを展開し、翌年末には一気に九三〇店舗まで拡大したと言われます。

しかしその多くは首都圏・関西圏の大都市が中心で、岐阜県ではまだまだ進出が遅れていました。Oくんはいち早く岐阜で黎紅堂を出店して大成功したのです。

ちなみに、黎紅堂は昭和五十七年に日本音楽著作権協会から民事訴訟を起こされ、国会でも問題になるほどの大騒ぎになりました。私がレコードレンタルに興味を持ったのはその翌年。奥山くんのアドバイスを元に、自分なりにアレンジしたやり方で、昭和五十八年にレコードレンタル「インサウンド羽島店」をオープンさせました。といってもお金がないので、わずか十坪の小さな店でしたが。

マンション経営がうまく行ったのは、大垣駅から徒歩十五分という立地の良さにあると思っていました。ですから、レコードレンタルもなるべく立地にこだわりました。私が選んだのは、下り新幹線なら名古屋の次の岐阜県羽島市。新幹線駅から私鉄で二駅目の「羽島市役所前駅」から西に五〇〇メートルほどの交差点。立地としては申し分ありません。

入会金は五〇〇円。一泊二日で定価の十パーセントという価格設定は、当時の相場と同じ。これが大当たりし、連日近所の学生で大繁盛しました。私の給与は倍になり、開業か

ら五カ月後には、中古のベンツから新車のボルボに乗り換えました。

調子に乗って、翌昭和五十九年にインサウンド直営店としては二店目となるインサウンド二号店を愛知県犬山市の犬山駅前にオープン。こちらも大当たりし、給料を倍にしました。もう有頂天です。

でもその反面、レコードレンタルの本家である黎紅堂が民事訴訟で裁判中でしたから、ことと次第によってはこのビジネスそのものが行政によって禁止されてしまう可能性もあります。私は有頂天になりながらも、どこかで「いつまでも同じ商売をしていてはダメなんだろうなあ」と考えていました。

上納金（ロイヤリティ）に目覚める

私には一つの理想とするビジネスのスタイルがありました。それは、私が何もしなくても、誰かが私にお金を持ってきてくれる仕組みです。それはつまり、私が高校生の頃に憧れた「ヤクザの上納金」です。

ある日、大学時代の友人が我孫子から遊びにきました。私がレコードレンタルの店を経営しているのを見て、「俺も我孫子で同じ商売をしたい」と言い出しました。

「いいよ。じゃあ、店舗の立地選びも店舗づくりも、売れるレコード選びも俺が全部教えてあげる。それに、レコードの仕入れもウチでやってあげるよ」

なぜかというと、友人もサラリーマンでしたから、失敗した時のことを考えるとそれを本業とするわけにはいきません。サイドビジネスでも手軽に始められるよう、レコードの仕入れはすべて私が代行し、その代わりにレコードの仕入れ代金の十パーセントと、売り上げから三万円だけを当社に収めてもらう約束をしました。これが、いきなり千葉県にオープンした「インサウンド我孫子店」です。

その時に気づきました。

「これって、上納金みたいなものじゃないか？」って。

あ、誤解のないように言いますけど、フランチャイズのロイヤリティはぜんぜん上納金と一緒じゃありません。でも、自分の目に見えない「ノウハウ」という価値（ヤクザ映画の場合は、「組織力」でしょうか？）を売って組織を拡大することでお金を手にするわけです。その意味で、どちらも似ているのではないでしょうか。少なくとも、私はそう思ったんです。

これが、私がフランチャイズをやってみようと思ったきっかけです。

私がフランチャイズを始めようと思ったのは、ただ上納金が魅力的だったからだけではありません。これからスケールメリットを活かすには多店舗化しなくてはなりません。しかし自前ですべての店舗を出すとなると、銀行に大借金をしなくてはなりません。もし失敗したらと考えると、すべて直営店にするなんて怖くてできませんでした。つまり、私は冒険したくなかったから、私はフランチャイズで資金を集めることにしました。

なかったからフランチャイズを始めた、ということになります。

そういうことは後になって分かることなんですよね。

そこで「レコードレンタルのフランチャイズをしませんか？」というチラシを出してみました。ちょうど昭和五十九年に黎紅堂の訴訟が結審し、レコードレンタルというビジネスモデルが合法化されたこともあり、多くの問い合わせをいただきました。

結局、インサウンドのフランチャイジーは二十店舗まで拡大しました。店舗が増えるたびに収入も拡大しました。あまりに儲かったため、社員にジャガーやポルシェを新車で買ってあげたのがこの頃です。

利益が出過ぎて、三十一歳の時に地元の新聞に大垣市の高額納税者として掲載されたことがあります。当時は個人情報保護なんて言葉がありませんから、堂々と新聞に名前が載ってしまいました。朝、新聞に自分の名前を見つけた時には驚きました。

お金がないといって両親がケンカしていた家で育った私が、よくここまで。恥ずかしい気持ちと、少し誇らしい気持ちが入り混じった複雑な気分でした。

とはいえ、私が掲載されたのは大垣市の高額納税者ベスト一〇〇のうちの九十九番目。あまり威張れたもんじゃありません。でもここで紹介されたということは、もっとビジネスを大きくしよう、もっと稼いで楽しい生き方をしようというエネルギーになったことも確かでした。

6 ビデオレンタル事業

ビデオレンタルと出会う

いくらレコードレンタルが好調でも、いつまでも同じことをしていたらダメになるというプレッシャーは常に感じていました。昭和五十七年にソニーが民生用のCDプレイヤーであるCDP101を発売してから、CDのタイトルは急激に増え、やがてレコードを抜く可能性もあると言われていました。

普通に考えればレコードがダメならCDをレンタルするという手はあります。でも、それだけで良いのだろうか。もっと別の商材を見つけなくてはならないのではないだろうか。そんな時に、私はまた人生を変える人と出会います。

その人の名を青谷さんと言います。

青谷さんは、二つのサラ金を経営するオーナー社長です。口癖は「内緒だけど、貸付金だけで五億あるよ」。いつも頭は清々しい五分刈りで、年齢は私より二つ上。初めて岐阜

ＰＡＲＣＯの近くのオフィスの二階に営業で飛び込んだ時、対応に出てきた人相と目つきの悪い専務を見て、これは絶対にヤクザと関係がある事務所だと思ったものです。しかし奥から出てきた青谷さんは話してみるととてもフレンドリーで、何でもしゃべってくれるし、面白い。冗談で「入れ墨って入ってますか？」と言うと、ガハハと笑って「そんなわけないでしょ」と言うような人。この人のエピソードを話し始めると一冊の本ができてしまいます。

この青谷さんと私はとてもウマが合い、よく遊んだりして、今でも仲の良い友達として続いています。

当時、彼はサラ金の他にもビデオレンタルショップをはじめ、多くのビジネスを手がけていました。中でもビデオレンタルは当時急成長中のビジネスで、時間が許せばもっと新しい店を出せるんだけどなあ、というのが青谷さんの口癖でした。

青谷さんの店のシステムは入会金（年会費含む）が五〇〇〇円。また当時、音楽や映画のビデオは定価で二万円程度でしたが、青谷さんの店では二泊三日で一五〇〇円〜三〇〇〇円でレンタルしていました。ＣＤが定価の一割程度であれだけ利益が出ていたのですから、確かにビデオが儲からないはずがありません。

しかも青谷さん、男優として、知る人ぞ知る黒木香と共演するなど、何本かのアダルトビデオに自ら出演まで果たしています。まったく、よくやるよと思ったものでした。

ある日、そんな青谷さんが「安藤くん、俺が資金だけ出すから、ウチのビデオレンタルの直営店を作ってくれない？」と言うので「分かりました。やらせてもらいます」と引き受けることにしました。

私としても、ただの親切心とか、友人だから断れない、という理由で引き受けたのではありません。極めて打算的な発想ですが、私がビデオレンタル店を作るための良い勉強になるに違いないと思ったのです。

もともとレコードレンタルをしていた頃から、ビデオに興味はありました。私にはレコードレンタル店を運営するノウハウがありましたし、三つのマンションを成功させたという自負もありましたから、商材をビデオに変えても成功させる自信はあります。実際、青谷さんはビデオレンタルで大成功を収めているわけですからね。

でも、当たり前ですが失敗の可能性はゼロではありません。失敗しない方法をあらゆる方向から考えて、考えて、考える。それが私のスタイルであることは昔から変わりません。ビデオレンタルに興味はあっても、なかなかすぐに足を踏み出せない理由はそこにありました。それに、私はレコードが好きでしたから、これまで関わってきたレコードレンタルからあっさりと転身するのも少し気が引けました。

ところが今回は、大金持ちの青谷さんが資金を出してくれるというのですから、こんなにおいしい話はありません。しかも、商材や機材はすべて私の会社を通して仕入れて良いと言ってもらっていたため、当社も青谷さんと一緒に遊んでいる感覚で、十分な利益を出すことができました。人との出会いは本当に大切だとしみじみ思いました。

瀬戸市の直営店で成功し、続けざまに豊田市と名古屋市名東区の店でも大成功し、青谷さんにはとても喜んでもらいました。それと同時に、私自身も「これなら、ビデオレンタルもビジネスとしてやれる」という手ごたえをつかんだのも確かです。

ビデオレンタルをＦＣ化する

昭和六十一年八月、当社としては初となるビデオレンタルショップ「ビデオワールド」を開業。なるべく遠くからも目立つように、私のアイデアで店舗全体を三角形にしました。一号店のオープンと同時に、ビデオレンタルショップのフランチャイズ展開に着手しました。

青谷さんのビデオレンタルショップをオープンし、運営させてもらいながら痛感したのは、レコードと比べるとビデオは多額の初期投資が必要だということでした。レコードは

棚に立てて収納しておけばお客さんが勝手に探してくれますが、ビデオの場合、すべてのケースを一列に並べて背中のタイトルを見せなくてはなりません。さらに当時はＶＨＳとベータという二つの規格が業界標準という土俵で生き残りをかけて熾烈な戦いを繰り広げていたため、家庭はどちらか一方のビデオプレイヤーしか持っていないのが当たり前でした。ＶＨＳ派、ベータ派などという会話がよく交わされたものです。消費者にとっては面倒な話ですが、ビデオレンタル屋にとっても面倒な話でした。当時、圧倒的にＶＨＳが人気で、ショップに入荷するタイトルの九十パーセントはＶＨＳではありましたが、人気の商品は同じタイトルでも二種類の規格を用意しなくてはならなかったのですから。

コスト的にも、経営ノウハウ面でも、レコードレンタルと比べるとビデオレンタルはとても難しいビジネスであり、素人が簡単に手を出せる商売ではなかったのです。

しかしフランチャイズという仕組みでパッケージにすることで、どこにお金をかけるべきか、どこでお金をカットするかというノウハウが得られます。待ってましたとばかりに、多くの資産家が当社のフランチャイズに参画しました。

後に青谷さんはサラ金とビデオレンタルショップを七億円で売却し、一人で世界一周旅行に出かけてしまいました。帰国後、パーティラインという出会い系サービスを立ち上げて再び億万長者になりました。時々、青谷さんは私や友人を名古屋のマンションに招き、夜遅くまでワイワイガヤガヤと遊んだものです。亡くなってしまいましたが、株式会社ゲオ（ＧＥＯ）を立ち上げて全国チェーンに成長させた遠藤結城くんもその一人でした。

出店するたびに月収が増える

当社のビデオレンタル事業は、昭和六十二年に二号店となる「ビデオジャンボ」、平成元年に三号店の「シネマワールド」と立て続けに開業。直営店をオープンするたびに成功し、私の手取りを一〇〇万円づつ増やしていきました。

そして、それを上回る勢いでフランチャイズ店の開店ラッシュが続きました。当社がビデオレンタルの事業を開始してからわずか四年後の平成二年、当社のフランチャイジーは一〇〇店舗を達成しました。

しかし、良いことばかりではありません。

ビデオレンタルショップのフランチャイズを経営しているのは当社だけではありません。各社がビデオレンタルショップのフランチャイズを進めるようになると店舗が乱立し始め、数年後には一気にレンタル料金の値下げ合戦が始まりました。当社の一号店オープンの頃は入会金が五〇〇〇円、レンタル料は一本一〇〇〇円〜二〇〇〇円が相場でした。しかし昭和六十二年頃には、入会金ゼロ、レンタル料金も三〇〇円程度が当たり前になってしまいました。その大きな波に抵抗することができず、当社も入会金ゼロ、レンタル料も五〇〇円程度まで下げざるを得ませんでした。

これだけ競争の激しい業界でしたが、昭和から平成にかけてのこの時代は、当社だけでなくビデオレンタルの業界自体が大いに儲かっていました。

その秘密は、他ならぬアダルトビデオです。

当時、「黒パック」といって、アソコがばっちり透けて見えるビデオは仕入れが安く、原価一〇〇〇～二〇〇〇円で手に入りました。しかしパッケージには定価二万円とプリントしてあるため、一度でもレンタルすれば元が取れてしまうという仕組みです。この黒パックは通常のストーリーのあるビデオよりも人気が高く、少ないタイトルで三十回転、人気タイトルになると軽く一〇〇回転はしますから、もう笑いが止まりません。

インターネットがアダルト系のコンテンツによって一気に世界中に広がったのは有名な話ですが、それと同じようにビデオレンタル業界もアダルトビデオによって成り立っていたのは事実です。人間の食欲・睡眠欲・性欲は偉大ですね。

昭和六十三年の十一月、当社のビデオレンタル一号店の「ビデオワールド」に泥棒が入り、一階にあったビデオをごっそり盗まれてしまいました。翌日の岐阜新聞に「被害総額五〇〇〇万円」と大きく報道されました。これほど大量のビデオを盗まれてはもう商売にならない……と誰もが思いました。私も思いました。

ところがこの泥棒、持ち出したのは一階に展示してあった映画などのビデオだけで、二階に展示してあったアダルト系のビデオには一切手をつけなかったんです。というのも、当時、映画のビデオは定価の六～七割で買い取ってもらえましたが、アダルトビデオは大量に市場に出ていたために値崩れしており、せいぜい二割程度にしかなりませんでした。

ですので泥棒としても、わざわざ値がつかないアダルトビデオを持ち出すよりも、換金しやすい通常の映画だけを持ち出したのでしょう。

それから数日間、ビデオワールドは二階のアダルトビデオだけで細々と営業するはめになるのですが、驚いたことに事件の前後で売り上げにほとんど変化がありませんでした。

「ウチはAV専門店か？」

みんなで笑ったものです。

7 写真のDPE事業（ピカイチ）

新しいビジネスを模索する

独立した頃は事務機の販社でしたから、コピー機が一台売れるごとに一喜一憂していました。しかしレコードレンタルとビデオレンタルが成功したことで、事務機が売れた・売れないで思い悩むことはなくなりました。フランチャイズ店舗がオープンすれば、まず商材であるレコードやビデオの仕入れで定価の三十パーセントが利益になります。それ以外にも、店の内外装費＋加盟金＋商品代金や、事務所で使う什器や事務機器などをすべて当社が仕入れ、当社の価格で納めることになります。つまり、苦労をしてわざわざ飛び込み営業をかける必要がなくなったのです。

だから、事務機の商売を考えるよりも、新しいビジネスを考え、フランチャイズ化することに力を入れるようになりました。

それに、何といってもレコードやビデオがいつまでも安泰だなんて思っていません。

その頃から、私はいつも新しいビジネスを模索するようになりました。車に乗っていても、お風呂に入っていても、いつも次の展開を考えていました。しかも、どこかにお店を出すという既存ビジネスの横展開ではありません。そちらはフランチャイズにした時点でほぼ目的は達成していますから。

それよりも、今までにない、まったく新しいビジネスを考えるのです。幸い、自分で店に出て接客をするわけではありませんから、考える時間だけはたっぷりあります。

そしてあらゆる方向から考えて、考えて、最後に「やめた！」と決断するビジネスの種なんて山ほどありました。その意味で私はとても慎重で、石橋だと分かっていても金槌で叩いて叩いて叩きまくってから渡る人間だと思います。ビジネス上でも、自分で一〇〇パーセント納得しないと絶対に動きませんから。

写真のDPE事業に出会う

写真のDPE（現像・焼き付け・引き伸ばし）のビジネスも、そんな流れの中で見つけた新しいビジネスの種でした。

昭和六十三年のある日、大垣の駅前を通りかかった時、新しいカメラ屋さんが開業しているのを見かけました。その頃、カメラといえばフィルムカメラが当たり前の時代。写真を撮影すると、フィルムを巻き戻してカメラから取り出し、写真屋さんに持って行かなくてはなりませんでした。その後、フィルムは写真屋さんからメーカーの現像所に送られて現像・プリントされるため、私たちが写真を見るまでに数日のタイムロスがありました。今では考えられない話ですけどね。

しかし大垣駅前にオープンしたカメラ屋さんでは、店内にメーカーから借りた（あるいは購入した？）現像機が置かれており、フィルムを持ち込むとわずか数十分から長くても一時間程度で現像・プリントまでできるというのです。

これって面白そう！　私の第六感が小躍りしています。

いつものように、このビジネスについてあらゆる方向から考えました。お風呂の中で。

レコードやビデオは、店舗にある商品をお客さんがレンタルすることで利益を生み出す。そのためには、けっこうな資金を用意して元になるレコードやビデオを仕入れなくてはならない。しかも、仕入れのセンスによって売り上げは大いに変わる。売れる商品だけを置いていてはお客さんが来ないし、マニアックな商品だけでもお客さんの数を増やすのは難しい。また時間とともに商品は古くなっていくため、次々と新しく、しかも人気があるタイトルを永遠に仕入れ続けなくてはならない。

しかも最大のデメリットは、商品がレンタルされている間、その商品はそれ以上の利益を生み出さないということ。

うーん、よくよく考えたら、レコードレンタルもビデオレンタルも、けっこう難儀なビジネスだったなあという気がしてきました。

ところが写真の現像・プリントはメリットばかりです。基本的に現像機と現像液と印画紙さえあればいいので、それ以上の仕入れは不要です。当社は事務機器商社ですから、日本コダックに電話をすれば現像機は簡単に手に入ります。

それに、何と言っても写真の現像・プリントだけであれば、レコードやビデオレンタルのように大きな店舗に商品を並べる必要はありません。現像機を置くスペースとカウン

ター、あとはわずかな駐車場があればＯＫ。単価が安い分、イニシャルコストも抑えられます。

　これだけ良いところばかりの商売が、失敗するはずがありません。

　絶対の自信はありましたが、まずは試験的に始めてみようということで、三〇〇万円でそれまでの一枚システムの事務所を改装して写真の現像・プリントサービスのお店を作ってみました。

　これが、後に全国に二百数十店舗を展開する「写真屋　ピカイチ」の第一号、ピカイチ大垣本店です。最初は加盟金を二十万円くらいに設定していました。しかし一気にフランチャイズが増え、ノウハウも蓄積されてくると、最終的に加盟金は三〇〇万円になりました。それでもフランチャイズ希望者は後を絶たず、一時は全国どこに行っても、あの緑の看板とカエルのイラストを目にしたものです。これを読んでおられる方の中にも、覚えている方はいらっしゃるのではないでしょうか。

なんでもノウハウができたり、ブランドイメージが高められたりすると、加盟金はどれだけ高く設定しても良いんだという当たり前のことに改めて気づきました。

仕組みづくりの面白さに目覚める

このようにメリットばかりのビジネスでしたから、ピカイチはフランチャイズにも最適でした。

さっきも言ったように、私は日本コダック社から現像機を仕入れることができました。私がピカイチを手がけ始めた頃は日本コダック社はまだまだ元気で強気でした。だから仕入れルートがあると言っても、現像機は定価の八十五パーセントで仕入れざるを得ません。他で手に入る術がないのですからね。定価の十五パーセント引きで仕入れた現像機をフランチャイズ加盟店にレンタルするのですから、最初は思ったほど現像機の利益が出ませんでした。しかし、いつかメーカーが安く卸してくれることはY社の経験で知っていましたから、そんなに心配はしていませんでした。

私の予想どおり、フランチャイズ加盟店が増えてくるに従って日本コダックからの値引きが大きくなり、卸値が下がってきました。すると、値下げ分はすべて当社の利益になります。さらに加盟店が増えてくると、数百万円もする現像機をコダックが無料で卸してくれるようになりました。いわゆる「丸儲け」です。

でも、ここが日本コダックのしたたかなところで、印画紙も現像液もコダックから仕入れないと使えないようになっていました。ですから、FC加盟店は当社を通してコダック製の現像機と印画紙と現像液を使うしかありません。このコダックの戦略のおかげで、当社は特別な教育・管理をしなくても、利益が上がる仕組みになっていました。これが、ピカイチがその後二十五年間も続いた大きな理由です。

このピカイチ、作った本人も驚くほど当たりました。何しろ、わずか十六坪の直営店一店目の初月の売り上げが二〇〇万円。一日に直すと約七万円の売り上げですから、一枚二十円で現像・プリントしていたとしたら、単純計算で毎日三五〇〇枚をプリントしていた計算になります。でも当時は比較対象がないため、これが成功なのか失敗なのかがよく分かりませんでした。そして五年後には同店の一カ月の売り上げは七〇〇〇万円となり、その後も継続的に拡大していきました。

もちろん成功することを確信していたから始めたビジネスでしたが、ここまで簡単に利益が出てしまうと、「何かが違うなあ」と思ってしまいました。

だって、さっき言ったことと矛盾しているかも知れませんが、レコードやビデオなら「次にどのタイトルを仕入れようかな」と考える楽しさがあります。店舗だって「次はどんな外観にしようか」と考える余裕があります。でも、ピカイチは緑のカエルで統一していましたから、新たに考える必要がないんですね。だから面白くない。……うん。さっき言ったことと明らかに矛盾しています。

そこまで考えて、私は気づいたんです。

私はお金儲けをするよりも、こうしてあれこれと新しいビジネスの仕組みを考えるのが好きなんだということに。

アタマがおかしくなり始める

ピカイチはイニシャルコストが少なかったため、その後はさまざまなコンセプトの店を考え、次々と出店しました。言うなれば、ビジネスの実験店舗です。

平成四年に開業した北一色店は、これまでの当社にはいなかったような、ロックバンドのボーカル、高校を中退した女の子、黄色や赤い髪の女の子など、いろんな女の子を採用しました。たまに顔を出すと、本当にここはピカイチか？　と我ながら不思議に思ったものです。

ルックスの良い女性を集めるために、北一色店では当時としては画期的な週休三日制を取り入れました。最近、働き方改革の一環として注目を集める週休三日制ですが、当社は四半世紀も前に導入していたことになります。おかげでルックスの良い女性が数多く集まり、北一色店は他店と比べると圧倒的に男性のお客様が多かったものです。その後、この店舗は十五年以上も続きました。今から思うと、その意味でも、ピカイチ北一色店は未来を先取りした実験店舗でしたね。

独立して事務機の販売をスタートして以来、レコードレンタル、ビデオレンタル、写真の現像・プリントを行うピカイチと、三種類の事業を成功に導いてきました。

その後も私は、手当たり次第にいろんなビジネスに挑戦し、ほぼ成功させてきました。

平成二年には、中古ファミコンソフトの買い取りと販売を行う「ファミコンジャングル」と「ファミコンキッズ」、翌平成三年には「ファミコングランプリ」を立て続けにオープン。この頃も店を出すたびに当社は大いに売り上げが増えていきました。なにしろお客

様は大半が小中高の学生です。定価が何千円もするファミコンソフトも、彼らが飽きたらいい値で買い取ることができましたし、そのソフトを定価の二〜三割引きで売れば利益が出るという商いです。わずか二十五坪の店が、月に三〇〇〇万円を売り上げたこともありました。

もちろん、オープンしてもうまく行かず、すぐに撤退した事業もあります。たとえば昭和六十年、三十五歳の時に開業した「東京ケンタウロス」は、カセットテープの高速ダビングサービスを行う新事業の店舗。私は大いに期待したのですが、著作権協会から訴訟を起こされてすぐに撤退せざるを得ませんでした。

この撤退で、私は一つの教訓を得ました。なにしろ立地が名古屋の外れの藤が丘駅前でしたから、大垣の自宅からお店までは高速道路を使っても一時間二十分ほどかかり、往復するだけで半日仕事です。やはり店舗は近くに作らないとダメだと思ったものです。

当時は、とにかく自分で面白いと思ったことは何でも手を出していました。

多少の挫折はありながら、私は次から次へとお店を出しました。

福井に中古ファミコンソフト販売の「ファミコンZ」を出した時には、開店前の準備期間はもちろん、開業しても一度も顔を出しませんでした。その数年後、近くに大手チェーンができて撤退することになりますが、開店準備から撤退時まで、その店舗には一度も顔を出していません。それでも元も取り十分な利益は確保できていました。

そんな状況が続けば、そりゃあアタマもおかしくなりますよね。

8 儲かり過ぎて道を見失う

大いなる勘違いが始まる

四十歳になる少し前に、私は人生四十年を記念してビデオを作りました。

自宅の外観から始まるそのビデオは、小学校・中学校・高校の外観を撮影し、例のＹ社を訪ね、これまでに手掛けたビデオレンタルショップなどを紹介するというものです。

そのビデオの中で、二十数年前の私は自信たっぷりにこう言い切ります。

「手がけたお店は八十三パーセントの確率で成功させる自信がある。そのノウハウもある。必要な資金もある。ただ、問題は、これから始まる四十代をどう生きるか、です」

今になって見ると、恥ずかしいですね。その数字の根拠もよく分かりませんし。

しかし、そんな言葉とは裏腹に、当時、三十代後半の私はビジネスに対する情熱とかモチベーションとかをすっかり失っていたのです。

こんなことを書くと嫌なヤツだと思われるかも知れませんが、これまで書いてきたように、私は手がけてきた事業のほとんどを成功させてきました。

何をもって成功というかは人それぞれですが、私の場合、「自分が楽しみながら事業を起こし、それによって自分の収入が上がる」ことを成功と呼ぶと思っていました。

以前、大垣市の高額納税者ベスト一〇〇に入ったと書きましたが、事業を続けるうちに常連となり、最終的には四〇〇〇～五〇〇〇〇万円の納税者として大垣市の所得番付の五番目にランキングされました。大垣といえば西濃運輸やイビデン、セリア（１００円ショップ）など、全国的にも知られた上場企業が生まれた土地柄です。その中で五番ですからね。もちろん、所得が多いことが「幸せ」だなんて、髪の毛の先ほども考えていません。

私は収入が上がったことで、多分、かなりアタマがおかしくなっていました。

レコードレンタル、ビデオレンタル、ピカイチ、さらにファミコンなどの事業が成功したことで、徐々にお金儲けをする意味が分からなくなってきたんです。一応安定していた会社員という身分を捨て、脱サラから始めたわけですから、生活費を稼ぐためとか、女房と楽しい生活を送るためとか、そういった切実なモチベーションがありました。

しかし、欲しい外車をすべて購入し、もう欲しい車がなくなったので名古屋に高層マンションを購入したら、それ以上に欲しいモノがなくなってしまいました。家もある。マンションもある。貯金もまあまあある。女房も元気に過ごしている。

これは後でも書きますが、私は自分がいなくても会社が回る仕組みを作ってきたつもりです。店舗での営業はもちろん、仕入れや配送、経理、総務などの実務はすべて社員に任せ、自分の時間は新しいビジネスをあらゆる方向から考えて、考えて、考える時間に充ててきました。だから幸か不幸か、時間だけはたっぷりありました。しかも会社はすこぶる順調。この先、よほどのことがない限り、会社が傾くなんて考えられません。

黙っていてもお金が入ってきますから、お金儲けを考える必要がない。

だから三十七歳の時、私は三つの会社を作って会長に就任し、それぞれの経営を三人の社長に任せっきりにしました。会長就任パーティには二〇〇名近い知人が集まり、私を祝福してくれました。そしてついに、私は会社に行く必要がなくなりました。

私が会社に行かなくても会社は動く。時間だけはたっぷりある。すると、どうなるか。

大いなる勘違いが始まりました。

三十代後半で「隠居」する

事業が成功したのは、もちろん私が一生懸命考えたからというのもありますが、やはり運が良かったという要素は大きいと思います。でも、お金と時間が足りると、自分は何をしても許されるんじゃないかという錯覚に陥ってしまうんですね。

ある日、自分はなんのために仕事をしているんだろうという疑問が浮かびました。

一番は、女房のためです。それはあの下宿で初めて出会った瞬間から今まで変わりません。女房と結婚するために、女房を幸せにするために全身全霊で考えてきたつもりです。

二番目は、家族のため。二人の子どもが不自由なく暮らせる環境を作ること。

三番目は、社員と関係者のため。

そこで、私は変なことに気づくんです。

あれ？　俺って自分のために働いていたわけじゃないんだ、と。それがショックでした。

私はこれまで、女房や家族、社員のために働くことは当たり前だと思ってきました。でも、それではいつまでたっても仕事は楽しくなりません。仕事が楽しくなかったら、働く意味がありません。

その日から私は、何よりも自分が楽しむために仕事をしようと決めました。

いえ、正確に言えば仕事を楽しむだけではありません。

人生とは思い出づくり。いつでも、どこでも、何をしていても楽しいと思える人間になる。それが、今も変わらない、私が生きていく上での目標です。

ただ、当時は自分が「どんな夢も叶えられる、とても幸せな人間」だと勘違いしていましたから、ついつい度が過ぎてしまいました。

大原扁理さんという方が書かれた『年収90万円で東京ハッピーライフ』（太田出版）という本があります。著者の大原さんは、ひきこもり生活を打破するために世界中を一人で放浪し、帰国後も紆余曲折の末に「週休五日の隠居生活」に入ってしまったという人。彼が本の中でこんなことを書いています。

〝外野がとやかく言っても、自分が本当に好きなことを優先するために、今置かれた状況でどうすればいいのかを考えることが大切だと思うんです。これを5万回ぐらい繰り返した結果、たまたま私は隠居にたどり着いたけど、もし働くのが好きだったらフツーに会社員になっていると思います。〟

これを読んで、なるほど、私の場合もその通りだったなあと思います。

大原さんは好きなことを追求するために、嫌いなこと・イヤなことを排除していった結果、週休五日の隠居生活になりました。

私は逆です。好きなことを追求していった結果、たまたまビジネスが大当たりし、週休五日どころか月に二～三度しか会社に顔を出さない生活になってしまった。その意味では、私もまったく同じだと思います。

私も三十代後半で隠居したようなものです。

ゴルフ病を患う

隠居をした結果、まず時間とお金の使い方がおかしくなりました。

幼い頃、よく卓球をしたと書きました。独立してからも会社のみんなでテニスに行ったことはありました。でも、そこまで面白いとは思いませんでした。

でも知人に誘われてゴルフに行き、思い切り振り抜いたクラブがたまたまヒットし、パシッという軽快な音とともにボールが空高く飛ぶのを見て、一気にゴルフが大好きになってしまいました。世の中にこんなに面白い遊びがあったのか！　なぜ今まで知らなかったんだろう……。

三十代半ばにして、遅咲きのゴルフデビューです。

週に二回はゴルフ場へラウンドをしに行きました。一番夢中になっていた頃は、年間に一〇〇ラウンドのペースで回りました。(それが二十年続きました)

時間があるからゴルフ場に行き、ラウンドするから上達する。上達するからラウンドが楽しくなって今度は賭けゴルフが始まる。ゴルフ病は悪化の一途をたどりました。

そして私は、とんでもないことをしでかしてしまいます。

忘れもしない、大垣カントリーの１７０ヤード。ゴルフを始めてからわずか三年目で、私はホールインワンを記録してしまったのです。保険で下りた一〇〇万円で、みんなでお祝いしました。ゴルフって簡単だ。ホールインワンなんて、これから何度でも出せるに違いない。

こうして私のゴルフ病は末期症状に突入しました。

いつでもゴルフのことを考えていました。どこに行く時も、必ずゴルフバッグを携えて移動していました。こうすれば、どこでも好きな時にラウンドできますから。

一時期は七カ所のゴルフ場会員権を持っていました。価格にして約一億円。分身の術でも使わない限り、自分でラウンドできるのは一回につき一つのゴルフ場なのに。海外ではラスベガス・ハワイ・ソウルでラウンドしました。けっこうな無駄遣いです。

だけど当時は感覚がマヒしていますから、まったく無駄だと思っていません。

そんな生活が十数年続きましたが、四十八歳の時に腰を傷めてドクターストップがかかってからは、週に二度のラウンドを「一カ月に一度」まで減らさざるを得なくなりました。その辛さときたら、なかなか言葉では言い尽くせないものがあります。

人生想い出づくり

大好きなゴルフを辞めると、とてつもなく時間ができました。なにしろ、週に二回のラウンドと週に二回の練習の予定がなくなるのですから。体力的には健康そのものですし、お金にも時間にも不自由はしていません。毎日が退屈で仕方ありませんでした。

そんなある日、ゴルフ以外で知り合った友人から、一泊二日で山登りをするから一緒に来ないかと誘われました。行き先も近くの鈴鹿山系でしたし、一泊するだけだから大したことはないだろうと高をくくって出かけました。しかし一日目の夕方、彼が「このペースで登っていると夜になってしまうので、俺だけ先に行ってキャンプの設営をする」と言い残し、一人で登って行ってしまったのです。

一本道を登るだけだし、まあいいかと思って後からとぼとぼと登っていたら、案の定、道に迷ってしまいました。しかもすぐに日が暮れて辺りは真っ暗。この場合の真っ暗というのは、通常の町の中とか田舎のあぜ道とかの真っ暗のレベルじゃありません。周囲は見渡す限りの木々ですから、明かりなんてあるはずがない。あったらこの世のものじゃない。完全な真っ暗闇。そして、私ときたら今日初めて山に登った超ビギナー。

ヘッドライトが照らし出す目の前数メートルの範囲しか見えません。私は窪地に足をとられて足をくじき、思うように進めません。大声で友人の名を呼んでも、まったく返事はありません。このまま戻れなかったら……。崖から滑落したら……。熊に出合ったら……。妄想はふくらむばかり。死を覚悟しながら一時間ほどさまよってあげく、ようやく友人が私の名を呼ぶ声が聞こえ、無事に合流することができました。

こんな恐ろしい山登りなんてもう二度とするものかと思いましたが、あいにくその時点では、その友人から誘われた十五日間のベネズエラのギアナ高地ツアーに申し込んでしまった後でした。旅行会社からキャンセルするとキャンセル料金がかかると言われ、しぶしぶ参加しました。

死を覚悟した山登りでしたが、キャンセル料のもったいなさに負けてしまう辺り、自分でもケチだなあと思います。

そしてギアナ高地では、標高三〇〇〇メートルの場所で絶壁を下りました。登るのはヘリコプターでしたけど。でも、ここまで来るともう山歩きというよりも「冒険」です。いくら下りだけと言っても、まかり間違えたら死んじゃいます。でも、こうして自らの「死」を身近に感じながら、私は本当に生きていることを実感していました。私は一気に山登りに魅了されてしまいました。

今度は海外での山登りに大ハマりしました。言うならば、こちらは海外病です。

若かった頃、週刊誌やテレビなどで日本や世界のお店や観光地などが紹介されているのを見て、よく「こんな場所にすぐ行ける時間とお金があればいいのに」と思っていました。それが夢でした。その反動でしょうか。今になって、テレビなどで海外の面白そうな場所が紹介されていたら、迷わず旅行代理店に電話して予約を入れてしまいます。何しろ私がいなくても会社は回りますから、平日に旅行はし放題です。

これまでソウルには七十回以上行きました。他にもラスベガス、ハワイ、アルゼンチン、アフリカ、チリ、ベネズエラ、ヨーロッパ各地などなど。

海外旅行といっても、私は美しい街並みや有名な歴史的建造物などにはあまり興味がありません。それよりも、ギアナ高地のように現地の人でさえなかなか足を踏み入れないような山奥の秘境ツアーが大好き。

そういうツアーに参加する時、私は敢えて航空チケットを自分で手配し、日本からその国までビジネスかファーストクラスで行くようにしています。そして数日間、その国の最高ランクホテルに滞在して散策やプールを堪能した後、日本から来た秘境ツアーのメンバーと合流するのです。その後はツアー参加者とワイワイガヤガヤと楽しくキャンプをして過ごします。

みんなと仲良くなるというのは、なかなか厄介なことです。女性はそういうことが得意ですが、男性はけっこう苦手です。私も最初はとても苦労しました。でも、それだけに一度うちとけるとすごく楽しくなります。特にこういうツアーに参加される方は人生経験豊富な高齢者が多いため、話が面白くてすぐに時間を忘れてしまいます。

ツアーが始まったらホテルなんてありません。あったとしても、シャワーからお湯ではなく水が出ただけで全員で拍手をして幸運を称え合うようなホテルもチラホラ。

ほとんどの夜は、山小屋やバンガローのハンモックやテントで寝泊まりをします。時には燃え盛る火口からわずか数十メートルという至近距離で、ほの赤く光る夜空の下、不気味に暖かい地熱を背中に感じながら眠りについたこともあります。

食べ物はまずい。お風呂も入れない。夏は暑くて冬は寒い。雨が降れば濡れて気持ち悪いし、風が吹けば砂が目に入って痛くてたまらない。油断していると毒グモが足元を這う。

そんな厳しい自然環境の中を、一日に十〜三十キロ踏破するツアーです。しかしこうした厳しい環境にさらされている時だけ、私は生きている実感を味わうことができます。だから、私は秘境ツアーがやめられないのだと思います。立派な病気です。

そしてみんなと別れて一人で街に戻り、再び最高級ホテルで数日間をプールで過ごし、いくつかの国の一人旅を楽しみ、ビジネスかファーストクラスで帰国する。それが、私の理想の旅行です。

おまけにギャンブル病まで

私がかかった病気は、ゴルフ病と旅行病だけではありません。

小人閑居して不善をなす。私はすっかりギャンブルにもハマりました。高校と大学であれだけ麻雀にハマっていましたから、今さら何の不思議もないですけどね。ゴルフで韓国に行った時には、必ずソウルのカジノに立ち寄ります。いえ、むしろそちらが目的と言っても過言ではありません。

日本でも何度かカジノに……は行ってません。そうそう、建前上、日本にカジノはありませんから。でも、あまり大きな声というか、大きな活字で印刷できないような、表を向いていないカジノにも何百回か行きました。なぜ日本にカジノがあったのかは今では覚えていませんが、隣の席に誰でも名前を知っている超有名な芸能人がいて、かなり熱くなっていたことだけはぼんやりと覚えています。その人の名前はお墓まで持っていきます。

私はもともと人と接するのが好きでしたから、こうして好き放題をしていた時も多くの人に会い、いろんな経験をしてきました。それなりに楽しくて、刺激的な毎日でした。

思い違いに気づく

でも、ある時に気づくんです。

お金があるから、みんなは私をチヤホヤしてくれるけど、それは自分の力じゃない。すごいのはお金の力であって、自分は単に思い違いをしているのではないか？　って。

そう思い始めたのは、私が四十歳になる少し前。ちょうど、先に紹介した記念のビデオを作ろうと思い立った頃です。

その頃、順調に拡大してきたピカイチの事業に暗雲が見え隠れするようになりました。ピカイチのフランチャイズ事業がピークを迎えるのもちょうどこの頃でしたが、既にその頃にはデジタル媒体に写真を記録する「デジタルカメラ」というモノが世の中に出回り始めていました。

もちろん、すぐにフィルムカメラが廃れてピカイチがつぶれるようなことはないにしても、いずれ縮小傾向に陥るであろうことは誰の目にも明らかでした。だって私たちは、レコードがあっという間にＣＤに取って代わられたのを目の前で見てきているわけですから。

最もショックだったのは、コダック社の経営が危ないかも、という噂を聞いたことでした。それから数年後、実際に米コダック社は連邦倒産法の適用を受けてしまいます。そんな時代です。ピカイチだっていつまで続くか分かったものではありません。


何より私がピカイチの事業に危機感を抱いたのは、同じような写真ＤＰＥ店が全国のあちこちに現れたことでした。それだけならまだしも、当社のフランチャイズ加盟店の社長であった知人が、私たちに何の許可もなく現像機を仕入れ、こっそりと同じ商売をしていたことが発覚したのです。

以前は私と気が合って、よくゴルフを一緒にラウンドした人でしたが、そんな人から裏切られたことがとてもショックでした。その人の場合はたまたま見つけられましたが、きっと全国にはもっと多くのピカイチもどきが存在していたに違いありません。

そんな事件があってから、いつまでもピカイチの売り上げに安閑として「隠居した！」などと言っていてはダメだという想いを強くしました。

それからは、写真のＤＰＥに代わる新しい事業をゆっくり模索する日々が続きました。

写真のビジネスがいつか終わるのであれば、次は終わらないビジネスを起こせばいい。

まず思いついたのはヘルスやソープです。世の中からレコードやビデオがなくなることがあっても、人間の性欲がなくなることはありませんから。また飲食店も考えました。こちらも、人間の食欲がなくなるなんてありませんから。

どちらも儲かると思います。

でも、私はビジネスとしてどちらもあまり魅力を感じていませんでした。

なぜなら、任せっきりにできないから。

私がこれまで手がけてきたレコードやビデオ、ファミコンのレンタルや写真のＤＰＥは、一度「仕組み」を作ってしまえば、その後は誰がやっても事業は回っていきました。だからこそ、その仕組みを商品化し、フランチャイズにして上納金……じゃない、ロイヤリティを稼ぐこともできました。

でも風俗店や飲食店になると、いくらビジネスの「仕組み」を作ったとしても、商売を回していくには絶対に人の手が不可欠です。任せっきりにはできません。それに、万が一にも飲食店で食中毒なんて出したら大変です。

ノープランのまま大型店舗を借りる

平成六年、私は岐阜市の岐阜南警察署の近くに「写真屋ピカイチ茜部店」をオープンしました。ここは国道二十一号沿いで交通量も多く、近くには飲食店や有名な金津園（ソープランド）などが立ち並び、商売をするには最適の場所です。当然、茜部店も大繁盛しました。

茜部店を立ち上げた頃、近くにゴルフ用品を扱う三〇〇坪の大型店舗がありました。まだゴルフに狂っていた私は、茜部店に行くたびに顔を出したものです。

私は事務機の営業をしていた頃から、お店の人とすぐ仲良くなるタイプでしたから、このゴルフ用品店の専務ともすぐに打ち解けていろんな話しをするようになりました。

ある日、専務が私に切り出しました。

「安藤さん、せっかく仲良しになったのに申し訳ないんだけど、実は近いうちにこの店を閉めることになったんですよ」

「本当ですか？　それは残念だなあ」

その時に閃きました。こんな良い場所なんだから、ここで新しいビジネスを始めたらいいじゃないかと。

とはいえ、何かアイデアがあったわけではありません。それよりも、せっかくこんな良い場所に、ゴルフ用品ショップのような大きな建屋がある。それを使わないなんてもったいない。それだけの理由で、私はさっそくこの店舗を借り受けました。

借りたのはいいけれど、次に何をすればいいのか。

店舗はロードサイドで三〇〇坪もある大型店。場所もいいので、どこかのフランチャイズで商売を始めるのは簡単です。でも、それでは面白くない。あくまでも、自分で仕組みを作るのが楽しいのですから。

今までにない、新しいビジネスの仕組みはないだろうか。何といっても時間だけはたっぷりあります。朝から晩まで、運転中も食事中も、お風呂の中でも、夢の中でさえ、一日二十四時間、常にそれを考えていました。いつものように、あらゆる方向から考えて、考えて、考えました。

9 質屋かんてい局で再スタート

質屋ビジネスに出会う

これまで私が好んで出かけた国は、アフリカや南アメリカなどの発展途上国が中心でした。そういう場所に行くと、当然ですが日本とはまったく常識が違うんです。

特に、モノに対する感覚が絶対的に違う。

たとえばアフリカの中でも私が行くような秘境では、ボールペンが今でもとても貴重とされています。私がボールペンでメモを取っていたりすると、よく現地の人達から「ミスター、それをワタシにくれませんか？」などと言われます。一〇〇円ショップに行けば五本セットで売っているようなものですから、「いいよ」とあげると、嬉しそうに何度も「サンキュー」を言ってくれます。

そういうのを見ると、日本は恵まれているなあと思います。日本には四季があって、豊かな自然があって、そして何よりも、日本はさまざまなモノであふれています。

でも、ちょっと待ってください。

そんなにモノって必要なのでしょうか。

これから日本の人口はますます減っていきます。なのに、次々とモノが作られ、消費され、私たちの周囲にはモノばかりが増えていきます。それって正しいのかなあ。

モノの価値は時代や地域によって変わります。近代は金（ゴールド）に高い価値がありますが、胡椒が高く取引された時代もありました。石油よりも水の方に価値がある地域もあります。モノの価値って、それを必要とする人がどれだけいるかによって決まるんです。

ということは、ただ個人が「モノを持っている」だけでは、価値がないんじゃないかと思います。大切なのは、モノを持つ人が、持っているモノを流通させ、本当にそれを必要としている人に届けることじゃないでしょうか。

私が持っていても二束三文のボールペンも、欲しい人にとっては価値のあるモノになる。それが、モノの価値を最大化するということではないでしょうか。


新事業のタネを探しながら、私はそんなことをぼんやりと考えていました。

そして、二カ月間悩み抜いた末にたどり着いたのが、持っているモノを流通させて新しい価値を作る、いわゆる「質屋」でした。


ご存知ない方はないと思いますが、念のため、質屋について説明します。

そもそも「質」とは、お金を借りる時に預けておく担保のことで、「質草」とも呼ばれます。質屋はこの質草に見合う金額を利用者に貸し付けます。期限内に元金と利息が返済されれば質草は利用者の手元に戻りますが、支払えないと質草の所有権が質屋に移ります。いわゆる「質流れ」です。

質屋から見れば、面倒な信用調査をしなくても（身分証明書の確認くらいは行いますが）お金を貸しやすく、万一貸し倒れになってもダメージが少ないというメリットがあります。

利用者から見ても、手持ちの物品を簡単に換金できますし、もし質流れになったとしても、それ以上の返済義務はありません。

貸す方にも借りる方にもメリットがある。すごいビジネスモデルだと思います。


質屋の起源は鎌倉時代と言われます。

江戸時代には、古着屋、古道具屋などと並んで「八品商」と呼ばれ、お上の許可がないと商いをできませんでした。当時の江戸市中には泥棒が横行していたため、奉行所はこの八つの商人に組合を作らせ、きちんと帳簿に記録を残させることで盗品が持ち込まれたりしていないかを調べたそうです。江戸時代から、質屋が市民の暮らしと密接に結びついた金融機関であったことが分かります。

質屋は近代になってもしぶとく残りました。

昭和二十五年には現行の「質屋営業法」が制定され、質屋の営業には各都道府県の公安委員会の許可が必要となりました。この辺りは江戸時代の奉行所と目的は同じです。

その後、質屋は戦後の復興期には手持ちの物品を手軽に換金できる庶民の金融機関として利用されました。この頃から、質屋は人目を忍んでこっそりと入る店、というイメージがついてしまったのだと思います。

近年、消費者金融によって人々が手軽にお金を借りられるようになると、質屋を利用する人は激減し、ますます路地裏の奥に追いやられてしまいました。典型的な斜陽産業です。
普通に考えたら、絶対に手を出したくない業種です。

質屋の無限の可能性に気づく

以前、私は高知の写真屋ピカイチ加盟店オーナーさんと仲良くなり、よく高知までゴルフに行きました。ある時、高知市内を車で走っていたら、一軒の質屋が目に留まりました。今までなら普通に見過ごしていたところですが、当時、ちょうどピカイチに続く新しいビジネスのタネを探していた時期でもあり、質屋という業態がとても気になってきました。

第六感としか言えません。

なぜ質屋は高知という地方都市で営業できているんだろう。お客さんから商品を担保にお金を貸し付けて、一定期間保管しなくちゃいけない。なんだか面倒くさそうだ。それに他人の物を預かるということは、頑丈な倉庫や金庫を作って防犯面でも配慮しなくてはならないし、ビジネスとしてあまり魅力がない。だから、質屋を始めようという人がいないに違いない。

しかし、自分が手がける事業として考えた時、この「誰も手を出したがらない」ということが却って魅力的に思えてきました。

だって、手を出す人が少ないということは、競合が少ないということですからね。小さな頃から競争することが好きではなかった私にとって、他社と不要な争いをしなくて良いというのは大きなメリットです。

これは都市部で手がけたら面白いビジネスになるかも知れない。

詳しく調べていくと、質屋という業態の「儲かる仕組み」が見えてきました。

質屋はお金を貸して利子を取る商売ですから、いわゆる銀行や消費者金融などと同列の金融業です。しかし銀行や消費者金融が金融庁の管轄なのに対し、質屋営業法では質屋を開業するにはその店舗が所在する都道府県の公安委員会の許可が必要と書かれています。

これはさっきも書いたように、盗品などが換金されることを防ぐという目的だと思います。でも言い方を変えれば、公安委員会お墨付きのビジネスだということです。

また、金利も質屋は普通の貸金業者とはまったく違います。貸金業者の場合、上限金利は貸付額に応じて年利十五〜二十パーセントと定められています。普通預金の金利なんかに比べると、それでもかなり高いと思います。

でも、質屋の一日当たりの金利は〇・三パーセント。年利に直すと、驚くなかれ一〇九・五パーセントなんです！

これは単なる利息ではなく、質草の保管料という意味も含まれているのですが、それにしても一年置いておくとその価値が倍になるなんて！　こんな商売、他にあります？

私も最初にこれを知った時には開いた口がふさがりませんでした。


一般の金融業と比べて質屋が優遇されている点は他にもあります。

質屋をはじめとする貸金業は、利息収入が最大の収入源です。長い間ご利用いただくほど、利息収入が増えるというわけです。質屋の場合、質草を入れて利息だけを払い続けていただければ永遠に利益が出るということです。

そんな貸金業にとって最も困るのは、利用者が返済不能、つまり貸したお金の回収が不可能になってしまうことですね。

でも質屋は違うんです。簡単に現金化できる質草という担保があるから。

たとえばお客様から持ち込まれたダイヤの指輪を質草として、当社から十万円をお貸ししたとします。三カ月後にお客様が質草を引き取りに来られたら、利息は二十七パーセント（〇・三×九十日）ですから、当社の営業利益は二万七〇〇〇円になります。

一方、お客様が一度も利息を支払わないで質流れになったとしたらどうでしょう。このケースでも、当社が質流れ品として販売した時に数十パーセントの利益が出るような査定額を最初に設定しますから、その場合でも損が出ることはありません。

つまり、どちらにしても質屋は儲かる仕組みになっているということです。

ね？　おいしい商売でしょう？

なぜ不人気なのかを検証する

では、これほどおいしい業態なのに、なぜ参入する人が少ないのでしょうか。

それには理由があります。

最大の理由は資金の問題です。

当然ながら、質屋を始めるには、持ち込まれた質草に見合うお金を貸し付ける資金が必要です。

「資金なんて銀行から貸し付けを受ければ？」と思うかも知れませんが、飲食店や物づくりの事業を始めるならまだしも、同じ金融業である質屋を始めると言うと、同業者であるがゆえになかなか銀行も良い顔はしてくれません。

また質屋営業法では、質草を保管する質蔵は、壁の中に防火対策で鉄板を入れたり、水没しない構造にしなければならないなど、たくさんの制限があります。いわば、建物そのものを金庫にするようなものですから、膨大なイニシャルコストがかかります。

若い人が「そんなに儲かるなら、会社を辞めて質屋を始める！」などと簡単に起業できるビジネスではありません。

資金の問題だけではありません。お金になる物は何でも質草になるため、質屋には実にさまざまな質草が持ち込まれます。それを高く見積もると質屋側には不利ですし、安く見積もるとお客様に預けてもらえません。ちょうど良い額を提示するには経験が必要です。

偽物が持ち込まれることもあります。特に最近はネットで商品の真贋情報がすぐに共有されますから、偽物を作る方も賢くなってきています。さまざまな商品に関して、常に最新の情報をチェックしていないと正しい査定はできません。

だから、いくら退職金を持っている人でも、歳を取ってから最新のファッションアイテムを勉強するなんて無理です。その意味では、高齢者が始めるのも難しいんですね。

つくづく、質屋というのは面倒くさいビジネスだと思います。

では当社はどうかというと、私が世界中でゴルフをしている間にも写真屋ピカイチのフランチャイズ加盟店さんは増加を続け、その頃には全国で二百店以上の店舗を持つフランチャイズ本部になっていました。だから、質屋を始めるにあたって資金的には問題ありません。

査定の難しさについても、これまで中古ファミコンソフトのレンタルなどを手がけてきましたから、ノウハウはあります。また直営店には若い人が多いため、その中でも興味ある人に査定を勉強させれば、楽しみながら覚えてくれるに違いありません。

質屋ビジネスが爆発的に当たる

あらゆる方向から考えて、考えて、考えた結果、質屋を始めない理由がなくなったため、平成七年十一月、八〇〇〇万円をかけて「質屋かんてい局（茜部店）」を開業しました。

それまでの典型的な質屋が「奥まった路地裏の小さな店」なら、質屋かんてい局は岐阜と名古屋を結ぶバイパスに面した「三〇〇坪の巨大なロードサイド店」。以前はゴルフ用品店を営業していた立地ですから、当然といえば当然です。

とはいえ、さすがに巨大な店舗全体を使ってお金の貸し付けを行うのではありません。

質草を持って来られたお客様は、店舗に向かって左側の専用コーナーにお通しし、ゆっくりお話を伺います。もちろん査定風景が外から見えないようにパーテーションで仕切ら

茜部店（平成７年）

北名古屋店（平成９年）

細畑店（平成 10 年）

春日井店（平成 13 年）

れています。

それ以外のスペースには、他店で買い付けた高級時計やバッグなどのブランド品を並べました。本来なら自社でお預かりした質流れ品を並べなくてはならないのですが、最初は商品がないのですから仕方ありません。

自分では「間違いなく成功する」と思って始めたビジネスでした。だから、開店初日に質流れ品を求めるお客様で長蛇の列ができたのを見て、私の直感は正しかったと胸をなでおろしました。その後もお客様は増え続け、半年後には「大」成功を確信しました。


平成九年には国道二十二号線沿いに、一号店よりもっと広い四五〇坪の質屋かんてい局北名古屋店（二号店）をオープン。以前はうなぎ屋さんだった店舗を借り、一億円以上をかけてオープンしました。

さらにその翌年、岐阜市の国道一五六号線（岐阜東バイパス）沿いに、質屋かんてい局細畑店（三号店）をオープン。

細畑店は、開店当初は他の二店ほど売り上げが伸びませんでした。そこで、当時乗っていたキャデラックを二つに切って玄関の上にディスプレイしてみました。車屋さんからは二〇〇万円で下取りすると言われた車でしたが、ただ下取りに出すだけでは面白くないじゃないですか。工事費用だけで一〇〇万円かかりました。かなり目立つ外観になりましたが、私が期待したほど、売り上げ・利益は上がりませんでした。商いは難しいなあ〜と実感すると同時に、細畑店では非常に多くのことを学ぶことができました。表紙カバーの写真が、そのキャデラックです。

そして平成十三年に質屋かんてい局春日井店（四号店）を出し、そこからかなり時間を開けて、平成二十八年に小牧店（五号店）をオープンさせました。

四号店と五号店の出店が十五年も開いているのには理由があるのですが、それは後の話。

ヤクザの事務所で査定する

質屋かんてい局を始めて良かったのは、利益が上がったことだけではありません。

各店とも、さまざまなお客様が、さまざまな質草を持って来店されます。その悲喜こもごもの人間模様を聞くだけでも、数冊の本が書けるほど興味深いんです。

いきなり金の延べ棒を持ってこられたお客様がありました。「今すぐ、これで三〇〇万円を用立ててほしい」。どういう事情があるかは詮索しません。

もちろん用立てさせていただきました。

また「大型の観光バスを質草に、六五〇万円を貸して欲しい」とおっしゃったお客様もいます。その時は、査定の担当者から私に「どうしましょう」という連絡が来ました。どうするもこうするも、バスの質草なんて今まで聞いたことがなくて面白かったので、ぜひ話をお受けしたかったのですが、よく考えたら大型バスは質草の保管庫に入らないんですよ。残念ながらお断りしました。

とっておきの話があります。

ある時、査定担当からまた電話があって「出張査定の依頼がありました。でも相手がちょっと変なんですが、どうしましょう」と連絡がありました。

聞けば、ヤクザの組が解散するに当たって事務所にある物を一気に換金したいんだけど、他のリサイクルショップに依頼したら「反社会的な団体はちょっと……」と断られたということでウチに連絡があったのでした。

正直、ヤクザの事務所に乗り込むのは怖いです。でも怖さよりも興味が勝ち、私が自ら出張査定に出向くことにしました。

私が招かれたのは、名古屋市内某所の組長の自宅。中に入ると、熊のように大きなドーベルマンがお迎えしてくれました。広いリビングの中央には、幹部会議に使うであろう大きな無垢のテーブル。ゴージャスなサイドボードの上には木彫りの龍の置物と、白熊の剥製。こっちは本物。巨大な花瓶と並んで、組長の写真パネルが飾られています。組長と某有名俳優が仲良く並んだ写真が何枚も。反対の壁に目を移すと「任侠一代」の書が入った額縁。まさに昔、私がスクリーンで観ていた世界がリアルに広がっていました。

対応に出てきた組長の息子から「全部売りたいけど、いくらになる？」と聞かれましたが、五メートル近いテーブルを運び出すのが大変なので、テーブル以外の小物（といっても、すべてがゴージャス）ばかりを選んで買い取りました。今ならテーブルだってクレーンで運び出しちゃいますけどね。

でも、その時は眼前に広がる東映世界に興奮していたため、ずいぶんと高い査定額をつけてしまいました。

「〇〇万円で引き取らせてもらいます」

「もっと高く買い取れるんじゃないの？」と言われるに違いないと思っていましたが、「分かった。じゃあ持って行ってね」とあっさり言われ、しまった！　もっと安くしとけば良かった！　と思ったことを覚えています。

また、当社の質屋かんてい局北名古屋店には、一九九九年から質草として入っているというダイヤの指輪があります。これを書いている時点で、もう十八年も入っていることになります。

質屋では、利息を払い続ければ質流れすることはありません。だから、十八年ということは、これまで元本の二〇〇〇パーセント（つまり二十倍！）の利息が支払われてきたことになります。利息が支払われ続けているということは、預けたお客様はまだこのダイヤの指輪を手放す気はないということですね。

実はこれ、質屋の賢い利用法の一つなんです。たとえばこのダイヤの指輪、最初に借りたのが十万円だとしたら、十八年間の利息は二十倍ですから二〇〇万円になります。

でも、もしその指輪で借りた金額が一〇〇〇円だとしたら？

十八年間の利息はわずか二万円。それだけの価格で、自宅の宝石箱にしまっておくよりも遥かに安全で安心な質屋の保管庫に預けておくことができるということです。

質屋から借りる金額は、安い分には（一〇〇〇円以上なら）いくらでも良いのですから。

お客様の中には、空調がしっかりしているからという理由で、毛皮のコートや楽器をお預けになっている方もいらっしゃいます。

質屋を倉庫代わりに使うという方法は、覚えておいて損はないと思います。

まだまだ質屋には、書けないような話もいっぱいあります。そんな人と出会えることは私にとって大きな喜びでした。

質屋のFC化に本気で取り組む

しかし平成十三年に春日井店をオープンし、今後はしばらく直営店の出店をストップしようと決めました。というのも、大型の直営店を出し続けると質で貸し付ける資金が不足してしまう恐れがあるのです。

まだ当時はピカイチも順調でしたし、これ以上直営店を増やすよりも、私にはしたいことがありました。それは、質屋ビジネスのフランチャイズ化です。

さっきも書いたように、質屋はとても複雑なビジネスです。そもそも儲かる仕組みになっているものの、べらぼうに参入障壁が高い。これをフランチャイズにして参入しやすくすれば、より多くの人に儲かる仕組みを提供できるようになるに違いありません。

そのためには、きっちり時間をかけて取り組む必要がありました。

次に私が注目したのは、質屋に近く、質屋よりもカジュアルな商売である「古道具屋」

小牧店（平成20年）

です。さっきも紹介した「八品商」の一つで、こちらも古くからあるビジネスです。今風に言えば「リサイクルショップ」ですね。お客様から不要になった商品を買い取り、店舗で販売するというシンプルなスタイルで、質屋より手軽に物品を換金できますし、大げさな質蔵も必要ありません。

そこで平成十三年、かんてい局春日井店オープンの直後に、岐阜県瑞穂市に三〇〇坪の実験直営店舗「総合リユース　リサイクルマート瑞穂店」をオープン。それと同時に、リサイクル店のフランチャイズ展開を図りました。

こうして社員全員でリサイクルビジネス

のノウハウを蓄積すると同時に、私たちオリジナルの質屋ビジネスを明文化していきました。

そして春日井店オープンから七年後の平成二十年、ようやく質屋かんてい局のフランチャイズ展開が実現。すぐに加盟店の申し込みがあり、わずか二年で十店舗のフランチャイズ店がオープンしました。

また同年、新たなビジネスとして「買取専門リサイクルマート」を開始。こちらは、質屋かんてい局やリサイクルマートの相談カウンターだけを独立させたようなビジネスで、他の二つのフランチャイズと違って小さなスペースと小資本でも始められるのが特徴。買い取った商品はすべてネットで販売します。

その後、しばらく直営店の出店は控えていましたが、平成二十八年には五店目となる「質屋かんてい局小牧店」を国道四十一号と国道一五五号の交差点にオープンしました。

こちらは久々の直営店ということもあり、敷地の周囲をすべて壊して、まるでヨーロッパの街並みのようなお洒落な街路灯を設置しました。小牧店は一億三〇〇〇万円をかけました。

10 フランチャイズの人間模様

フランチャイズと呼ぶのをやめる

昭和五十七年、二十九歳で独立した時から、私は「一枚システム」という社名を使ってきました。そして平成元年、本社ビルの完成と同時に社名を「ＦＴＣプロジェクト株式会社」に変更。さらに平成十六年には現在の「ＦＴＣ株式会社」としました。

ＦＴＣとは社内公募で決まった名前で、Future Total Creation の略。さまざまな事業を通して未来を創造する集団でありたいという願いが込められています。

今日、ＦＴＣが手がけるのは「質屋かんてい局」「総合リユース　リサイクルマート」「買取専門リサイクルマート」の三ブランドのフランチャイズ事業です。現在、フランチャイズ加盟店は全国に一九〇店を数え、その数は毎年十店舗ずつ、ゆっくり確実に増え続けています。とはいえ、日本一のチェーンになろうだなんて考えたことは一度もありませんけどね。

この本の中で、私は自分の事業を「フランチャイズ」と呼んできました。でも実際には、私たちは加盟店さんのネットワークを「フランチャイズチェーン」とは呼んでいません。その代わり、私たちは「サポーティングチェーン」という名前を使用しています。

その理由をお話しする前に、フランチャイズビジネスに対する当社の取り組みについてお話しさせてください。

フランチャイズとは、本部が加盟店に商標の使用を許可し、各種ノウハウの提供や経営指導を行う代わりに、加盟店は一定料のロイヤリティを本部に支払うという仕組みです。

しかし当社も最初からフランチャイズに関するノウハウがあったわけではありません。始まりは、レコードレンタルのインサウンド我孫子店を出店した時、友人にレコードの仕入れ方法や店の運営方法などのノウハウを教え、三万円のロイヤリティを（上納金として）いただくという契約をしたことでした。

以来、さまざまな事業でフランチャイズビジネスを展開してきました。

そして新しいフランチャイズビジネスを始めるたびに新しい問題に突き当たり、手探りで解決するという繰り返しでした。その意味で、ＦＴＣはフランチャイズという仕組みづくりとともに成長してきました。

初期投資費用概算（税別）

かんてい局の場合	大型店（100 坪）
開業支援金	700 万円
本部教育料	350 万円
店舗工事	1,400 万円～
宣伝広告代	200 万円～
備品代	300 万円～
什器代	1,000 万円～
オープン時商品仕入代	4,000 万円～
合　計	7,950 万円～

※別途、店舗取得費、POS システム、運転資金等が必要になります。

仕組みづくりで最も苦労したのは、やはり質屋かんてい局のマニュアル化でした。

平成七年に質屋かんてい局茜部店をオープンしてから平成二十年にフランチャイズの募集に踏み切るまで十三年の年月を要したことが、質の仕組み化の難しさを物語っています。

本部基礎研修の一部を公開する

今日、一九〇店のサポーティングチェーンのオーナーさんの顔ぶれは実に多彩です。百数十店舗の調剤薬局を経営する企業のトップや、某市の市長（加盟の後に当選しました）、内科医など、本当にいろんな方々に参加していただいています。

彼らに共通しているのは、みなサイドビジネスだということ。先にも書きましたが、質屋を始めるにあたっては、ある程度の資産が必要になるのです。この表に示した以外に、お客様に貸し付ける運転資金が一〇〇〇万円～一億円ほど必要です。

初期投資費用概算の表は、この（前の）ブロックを説明するものです。

質屋かんてい局のサポーティングチェーンに加盟すると、オーナーさんには最初に十日間の本部基礎研修を受けていただきます。以下に、それぞれの日に行われる内容をご紹介します。

一日目　リユースビジネスの考え方
　　　　買取シミュレーション
二日目　SLT
三日目　貴金属の真贋と査定、防犯について
四日目　ブランド品の真贋と査定
五日目　ブランド品の真贋と査定、金券・切手の査定

六日目　高級時計の真贋と査定
七日目　携帯電話・家電・工具・楽器・酒類の査定
八日目　ＰＯＳ操作方法、換金方法、ネット販売方法
九日目　行動予定表、本部との関わり、各自課題克服
十日目　最終試験

こうして、十日間の研修を通して質屋ビジネスに必要なすべてのノウハウを学んでいただきます。

また研修に際して、オーナーさんには

●運営マニュアル
●ブランドマニュアル
●買取・質マニュアル

の三種類の分厚いマニュアルが手渡されます。

まず「運営マニュアル」では、当社の基本理念から一般的な質屋ビジネスの仕組み、質屋の基本業務、質屋のマネジメント、本部との関わり、必要な法律知識、従業員教育、採

用、経営管理、防犯対策、宣伝広告など、質屋を運営する上で必要となる内容が詳細に記載されています。また効果的な店内ＢＧＭ選びや接客マナーなど、実際の店舗運営ですぐに役立つ内容も満載です。

次に「ブランドマニュアル」では、ルイヴィトンやエルメスのバッグ、ロレックスやオメガなどの高級時計、その他貴金属のそれぞれのブランドについて、そのブランドの歴史や基礎知識、真贋を見極める上での特徴などが写真入りで詳しく紹介されています。

内容に関しては企業秘密なので詳しく説明できませんが、たとえば、あるブランドバックの場合、本物はバッグの一部が四本の糸で縫ってあるのに対し、現在市場に出回っている偽物は三本の糸で縫ってあるとか、本物と偽物ではブランド名の刻印の深さが違うとか、ブランド物の査定に必要な情が満載です。

これらは本当に微妙な違いですから、一見しただけでは分かりません。また偽物業者も日々ウデを上げていますから、常に最新の情報にアップデートする必要があります。

ですから私たち本部も、メーカーや販売店、直営店、質屋組合などから出てくる情報に注意し、常に最新の情報を加盟店と提供するように努めています。

そしてもう一つ、当社のノウハウの集大成が、三番目の「買取・質マニュアル」です。

こちらは前述のブランドマニュアルとは異なり、家電製品や電動工具、切手、金券、お酒、楽器、絵画など、これまで私たちが質草として扱ってきたさまざまな商品に関して、査定のチェックポイントなどが詳しく紹介されています。中には刀剣の種類や手入れの仕方、目釘の抜き方なども紹介されており、他人事のように言いますが、やはり高齢者が全部覚えるのは大変だろうなあと思います。

いやあ、大変だ。私なんて、真っ先にイヤになっちゃうに違いありません。

またこのマニュアルには、実際のシーンに即してお客様とのトーク参考例も掲載されています。

たとえば、お客様が持ち込まれた物を査定している時に、仮に「買い取りと質預かりのどちらがいいですか?」と相談されたとします。

ケースバイケースですが、一般的には、そんな時には「質預かりよりも買い取りの方が高いお値段をつけられますが、買い取りだとお客様が持ち込まれた物は手放さざるを得なくなります。ですから、必要でない物であれば買い取りをお勧めしますし、迷っておられるなら質預かりをお勧めします」とお答えするように記されています。

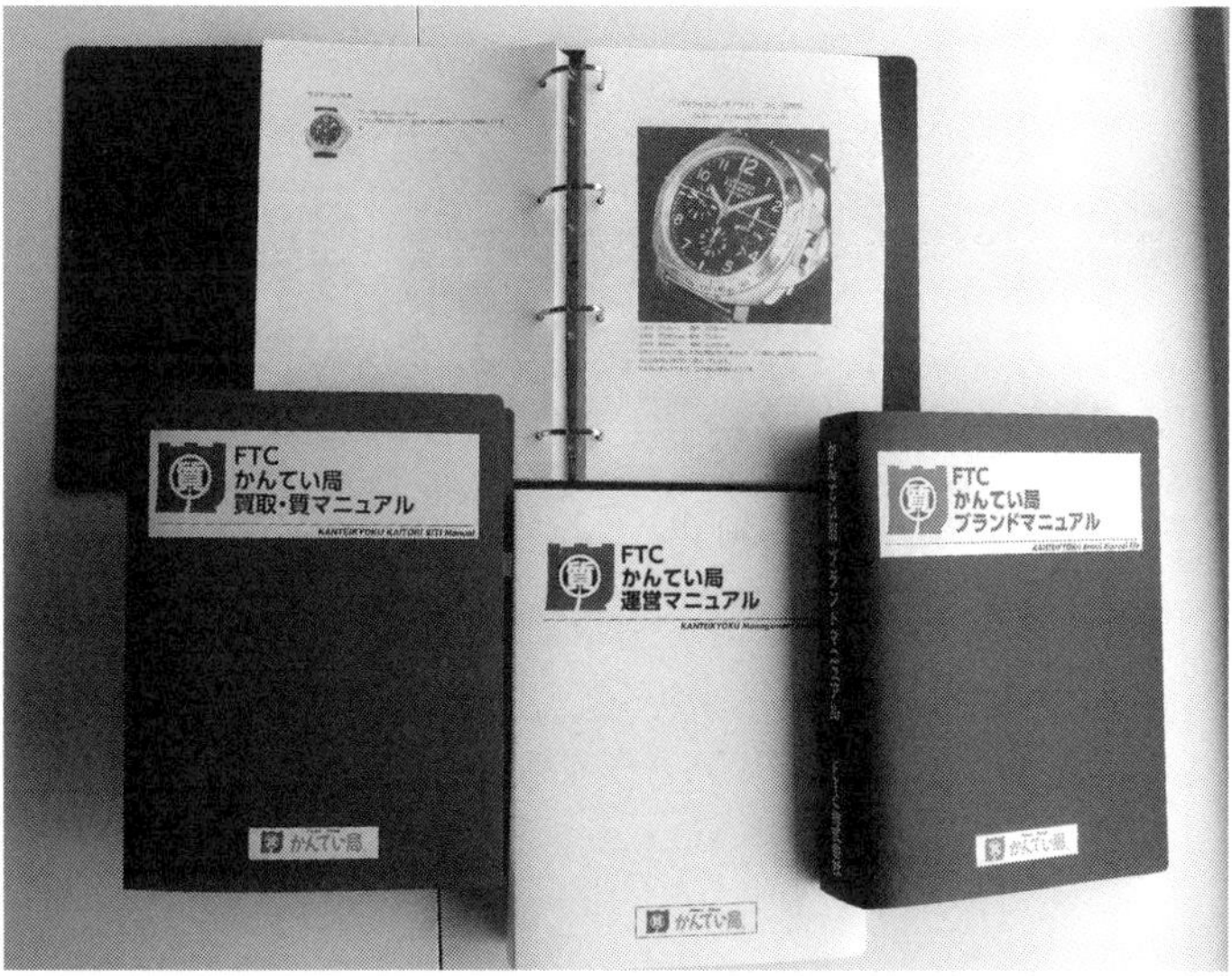

人間力向上のプログラムを作る

こうしたノウハウの多くは、私たちが質屋かんてい局を立ち上げてから、日々の営業の中で学んだこと、気づいたことなど、紆余曲折を経てたどり着いた多くの知見から成り立っています。もちろんビジネスもマーケットも日々動いていますから、これらのマニュアルはバインダー式になっており、新しい情報や新しいノウハウなどはすぐに訂正・追加できるようになっています。

でも、これらのノウハウを完璧に覚えて実行したからといって、必ずビジネスがうまく行くわけではありません。

質屋は人対人のビジネスです。最も

大切なのは「人間力」です。フランチャイジーの運営に関わるオーナーはもちろん、従業員全員が何事にも前向きに取り組むように意識改革を行うことだと思います。

そこでＦＴＣが平成十二年から実施しているのが、前述の本部基礎研修の二日目に行う「ＳＬＴ（スタッフ・レベルアップ・トレーニング）」というオリジナルの自己啓発研修です。

ＳＬＴの目的は、自ら気づき、行動できる人材の育成です。だって、ビジネスはすべて自己責任です。仕事は他人から与えられたり、押し付けられたりしてするものじゃありません。考えて、行動して、失敗や成功を繰り返す中で自分で気づくから人は成長する。成長するから人生が楽しくなる。

人生、ラクで楽しい方がいいでしょ？

ＳＬＴの参加者は、自分の弱さに向き合い、他人と本気で関わり、時には大声を出しながら、自ら考えて行動することの大切さを学びます。毎回、最終プログラムは大の大人が涙を流して感動します。加盟店さんの中には、毎年数名の社員をこの研修に派遣される会社もあるほどです。

この研修を企画したのは私ですが、発展させ、常に進化させ続けているのは当社の取締役の中森くんという男性です。

私も、フランチャイズの仕組みを作る段階でいくつかの研修に参加しました。

農業活動を行うある団体の研修に参加した時は、途中で「こんな研修に出ていては宗教に洗脳される！」と危機を感じ、夜中にある山の中の研修所から逃げ出しました。実はその日、女房と子どもが別の山の建物で同じ研修に参加していたのです。私は家族を奪還するため、山を下りて追手から身を隠すために暗闇に潜んでいました。

しかし、いつまでたっても誰も追いかけてきません。

その時、突然私は悟ったのです。すべては私の思い込みだったということを。すると、自分がこれまでどれだけ偏見と色眼鏡で世界を見てきたかということを知り、涙が止まらなくなりました。

真夜中、山のふもとの暗闇で泣くだけ泣き、一時間もたってから私は一人で研修施設に戻りました。すると研修所の人が私を見つけ、笑いながら「安藤さん、戻ってらっしゃいました〜」って。心から恥ずかしい思いをしました。

そして七泊八日の研修を最後まで受けて、無事に女房子どもと再会しました。その晩からしばらく、毎日夜中まで女房と感動体験を楽しく話し合いました。

他にも、さまざまなセミナー・研修に参加しました。あの「地獄の研修」に、よりによって冬の真っ只中に参加したこともあります。この時も、寒くて辛くて厳しかったのですが、この時はさすがに逃げ出したりしませんでした。

本部と加盟店が、互いに助け合う

このように、当社のフランチャイズのノウハウは、私たちが日々ビジネスをする中で学び、気づき、試しながら手探りで作ってきたものです。

たとえば、出店する立地について。

ここでクイズです。

当社の直営店は郊外の大規模店が多いのですが、都心に続く幹線道路に出店する場合、

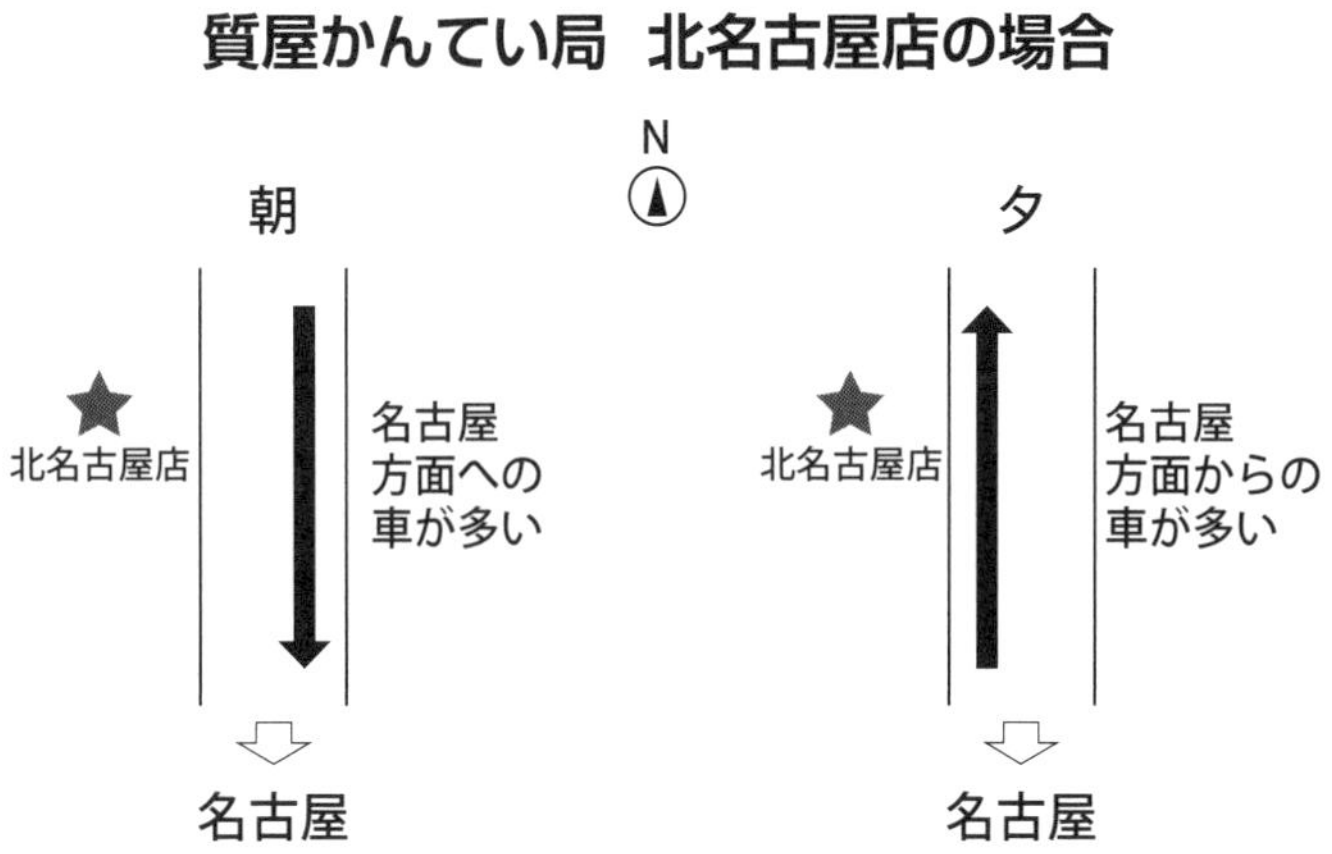

都心に向かって右側の土地と左側の土地、どちらの店舗が多いでしょうか。

答えは……。

都心に向かって右側の土地の方が多いのです。それには理由があります。

朝は、郊外から多くの自動車が都心の方向に車を走らせます。つまり、都心に向かって左側の道路の方が交通量が多いんです。しかし夕方になると、都心から出てくる車が増えてきます。だから都心に向かって右側の方が交通量が多いというわけです（図参照）。

次に、お客様の立場になって考えると、朝と夕方のどちらが店に立ち寄りやすいか。朝の忙しい時間に質屋にブランド品を持ち込んだり、質流れのバッグを購入する人は（いないとは言いませんが）少ないと思います。逆に、仕事からの帰り道に「ちょっと寄ってみようかな……」と思う人の方が多いはず。だから質屋かんてい局の直営店は、ほとんど都心から郊外に向かって左側にあります。

防犯対策にも同じような話があります。

以前、質屋かんてい局茜部店ではセキュリティーのために二十四時間警備員を配置していました。ですから、最初の頃は警備の費用だけで一店舗あたり七十～八十万円もかかっていました。でも何度か泥棒に入られるうちに、二十四時間警備員が常駐していてもダメだということが分かりました。逆に、警備のどの部分に力を入れれば良いのかも分かってきました。そこで警備の方法を変えたところ、従来の三分の一程度のコストで済むようになりました。

これらのノウハウは、頭で考えるだけではなかなか生まれません。実際に現場のビジネスの中で課題に突き当たり、解決するうちに少しずつ言葉になっていくものです。

その意味で、私たちは当店の直営店の活動をとても大切にしています。

直営店でさまざまな経験をし、それを踏まえて計画し、実践し、検討し、改善を繰り返す。このPDCAサイクルを回すことで得られた「知恵」こそが、質屋かんてい局のノウハウ、つまり私たちフランチャイズ本部の利益の源泉です。

それを加盟店さんに共有することで、加盟店さんにもメリットが生まれます。

ただ、それだけなら一般的なフランチャイズと同じです。ＦＴＣでは、加盟店さんも自分たちの店舗でＰＤＣＡを回し、その結果を積極的に共有していただく仕組みがあります。それを直営店や別の加盟店で取り入れ、実践することで、新しい「知恵」が生み出されていきます。

正直、本部は神様じゃありません。分からないことはいっぱいあります。それは質屋かんてい局だけでなく、リサイクルマートでも買取専門リサイクルマートでも同じです。

その意味で私たちのフランチャイズは、ただ本部が加盟店にノウハウを提供するだけでなく、本部も加盟店もみんなで助け合い、支え合いながらＷＩＮ－ＷＩＮの関係を作ろうとしているのが最大の特徴といえます。

だから、本文と加盟店がお互いにサポートし合うという意味を込めて、私たちは加盟店さんのネットワークを「サポーティングチェーン」と呼ぶようにしています。

一九六一年、ＪＦケネディが大統領に就任した時の有名な演説があります。

「国があなたのために何をしてくれるかではなく、あなたが国のために何ができるかを考えようではありませんか」

それと同じです。

私たちだけが儲かれば良いなんて考えていません。みんなで儲けて、みんなで人生楽しく幸せになる。そういう関係になりたいと思っています。

ある加盟店オーナーを告訴する

さて、いよいよ第一章も最後になりました。

質屋に限らず、リサイクルマートも買取専門も、さらにレコードレンタルやビデオレンタルなども含めて、当社のフランチャイズの仕組みというのは、私たちが永年かけて蓄積してきたノウハウがベースになっています。

でもノウハウは目に見えません。だから、誰でも真似しようと思えばなんとかなってしまうんです。ピカイチの始まりの頃だけは同様の商売をしようと思うとコダックの現像機が必要でしたが、後にさまざまな企業が現像機のレンタルを始めたため、真似をする会社が出てきたことは既に書きました。

そして、リサイクルでも同じ目に遭いました。いえ、こっちの方がはるかに悪質です。

数年前、ある方……仮にX氏とします……から当社のフランチャイズに加盟したいという連絡がありました。実際に会ってみると、X氏は既に地元で二店の本屋・ブックマーケットを運営しており、かなり「調子の良い人」という印象でした。私の誕生日にはサプライズで何十本ものバラの花束を贈ってくれたこともありました。

しかし、それはとんでもない見立て違いでした。

加盟してすぐにX氏はリサイクルマートを地元でオープンし、翌年には少し離れた場所に二店舗目をオープンさせました。しかし二店目をオープンして数年後、売り上げ的にはとても好調なのにも関わらず、X氏は毎月のロイヤリティを下げろと言い始めました。もちろんきちんとした契約を交わしてあるのですから、X氏だけ優遇はできません。丁重にお断りすると、態度が豹変しました。

ついに本性が現れたのです。

執拗な減額交渉が始まりました。後で分かったことですが、X氏は当社のFCに加盟する前にも複数のFCに加盟し、他FCの本部に対してしつこく減額を迫った結果、ほぼゼロに近いところまでロイヤリティを下げさせたという「実績」があったのです。

その手口はとても陰湿で、当社の営業スタッフが経営指導で店を訪れると、「ロイヤリティを下げるまで帰らせない！」と、年配の知り合いと一緒になって恫喝してきました。そのせいで、この営業スタッフはしばらく営業に出られないほどの精神的トラウマを負ってしまいました。

またX氏の店舗が新幹線の駅近くにあったため、「オレの店の看板は、新幹線の乗客に対してリサイクルマートの広告をしているようなものだから、本部はオレに広告料を支払え」などと、言いがかりのような要求を出してくる始末。

でも、そういうのは別にいいんです。こちらにはやましい点など一つもありませんから、きちんと「お応えできません」と突っぱねれば済む話です。

しかし、絶対に見過ごすことができない事実が発覚しました。

あろうことか、X氏は私たちに内緒で、私たちとそっくりのリサイクルの店を地元で営業していたのです。さっきも書いたように、私たちのノウハウとは、これまで私たちがレコードレンタルからビデオ、ファミコン、DPEなど、さまざまなビジネスを成功させてきた中で学び、試し、磨いてきたものです。いわば、私たちの最大の商品です。

そこに価値があると思うから、加盟店さんは当社のサポーティングチェーンに参加していただくのです。だから私たちもサポーティングチェーンの加盟店さんを全力で支援していこうと思うのです。ノウハウは、FCビジネスの生命線なのです。

なのに、X氏はそのノウハウを使って、私たちとはまったく関係のない名前で同じ商売をしていたのです。当社から見たら、ノウハウが盗まれたのと同じです。放っておくわけ

にはいかないので、競業避止義務違反事案としてこちらから民事訴訟を起こしました。

　すると、次はX氏が当社の加盟店さんオーナーに声をかけ、「被害者の会」などというものを作り、ある時はネットを使い、ある時は何の関係もない加盟店さんの店舗を直接訪問し、本部の悪評をでっち上げて言いふらすようになりました。競業避止義務違反よりもタチの悪い、明らかな業務妨害・風説の流布です。こちらは信用棄損・威力業務妨害として二件の刑事告訴を行い、正式に受理されました。この顛末は、ジャーナリストである佐藤昇氏が立ち上げた「週刊報道サイト」でも取り上げられました。

いつでも、どこでも、何をしていても楽しいと思える人間になりたい私としては、そんなつまらないことで時間を取られるのは本意ではありません。でも、これも「思い出づくり」の一つ。腰をすえて、じっくり取り組んでいこうと思っています。

私としては、一点もやましい点はありませんし、正義は必ず勝つのですから。

この件についてはまだまだ言いたいことがたくさんあります。裁判の行方はもちろん、警察の対応についても文句を言い出せばキリがありません。どうして警察って、あんなに腰が重いんでしょうね。私たちは被害者なのに、あの資料を出せ、この資料を出せと言われ、提出した書類は段ボール箱十七箱分。また数時間におよぶ事情聴取が何度も行われました。これも私だからいいようなものの、忙しい人なら被害届一つさえ出すことはできませんよ。

まあ、それについて語り始めると、ますます話が横道にそれていきそうなので、この辺でやめておきます。

そして最後に、当社に対してありもしないデマを垂れ流しているX氏に、この言葉を贈ります。以前、バラの花束をいただいたお礼です。

ねえ、そんなことして楽しいの?

第二章

成功の極意

第一章では、僭越ながら私が独立してから、七種類のフランチャイズビジネスをどのように思いつき、成功させてきたかを書いてきました。いや、成功させたなんて書くとやっぱり僭越ですね。中には、ただ「運が良かった」ビジネスもありますからね。

でも、ここからは思いっきり開き直って、さらに僭越であることは百も承知で、私なりに導き出した「成功の極意」のようなものを書いてみます。

みなさんのお役に立てれば幸いです。

極意 1 徹底的に楽しく考える

考えて、考えて、ゆっくり決める

何度も書いてきましたから、そろそろ「しつこい」って言われそうですが、成功方程式の一番は、これしかないと思います。

何事も「本気」になって、徹底的に考えること。あらゆる方向から、ゆっくり、焦らずに考える。一つのテーマを半年考え続けるなんて当たり前。もし少し考えて、すぐに忘れてしまうようなら、それは本気さが足りない証拠。何といっても、自分の楽しい幸せのためですからね。それくらい本気で楽しく考える。それが成功に近づく第一歩です。そして、行き詰まったら元に戻ってやり直し。それを繰り返し、絶対にうまく作戦を見つけ出す。それしかないと思います。

この方法の最大のメリットは、何度でも失敗できるということ。考えるのはタダですし。

でも、一つ大切なことがあります。

それは、ただ考えるのではなく、「楽しく」考えるということ。

どうすれば成功するかを徹底的に考えるのは当たり前ですけど、それってあまり楽しい作業じゃありませんよね。じゃあどうするか。楽しく考えるコツは、プロセスだけでなく結果をシミュレートするということ。要するに、成功した後のことも一緒に考えるんです。成功した後、何が手に入るか。たとえば月に数百万円の収入が手に入ったとしましょう。好きなモノを買えます。友達と楽しい時間を過ごせます。家族だって喜んでくれますよ。そうやってイメージをふくらませていくと、考えることが楽しくなります。楽しくなれば、もっと本気で、そして長く取り組もうというエネルギーが生まれます。

楽しく考えるって、大切なことですよ。

もちろん、それはお金儲けの話だけじゃありません。

私の場合は女房でしたが、もしつきあいたい女性がいたとしたら、どうすればつきあえるかをあらゆる方向から頭の中でシミュレーションしなくてはなりません。その時も、つきあった後にどこに行こうとか、何をしようとか、そういうイメージを具体的に持って、楽しく、かつ客観的に考え続けます。

そしてもう一つ大切なのは、最初から「こんなのダメだ」と思わないこと。

私が一目惚れした女性とつきあいたいと思った時は、二十四時間ずっと彼女とつきあうにはどうしたら良いかという方法を楽しく、ゆっくりと考えました。

その時、「できる」「できない」とか「かっこいい」「かっこわるい」という判断は排除してしまうのです。どうでも良いことなのですから。まず、あらゆる選択肢をテーブルに乗せて検討するのです。スタンスとしては、北朝鮮に対するトランプ政権と同じです。覚えておいてください。

目的を達成するためには、とにかくあらゆる選択肢を本気で検討すること。最初から「できっこない」とか「そんなことしたらかっこ悪い」「自分のプライドが許さない」などというフィルターをかけてしまったら、成功はあり得ません。

最初から逃げ道を作ってしまうこと自体が、本気で取り組んでいない証拠です。

その時は、私は正攻法で真正面から電話をして、何が何でもデートの約束をとりつけることを最終目標とする大作戦を立てました。そこを突破口とし、後から総攻撃をかけるという「孫子の兵法」的な作戦です。

いや、実のところは「まずデートの約束をとりつけないとしようがない」という苦肉の策ではありましたが。

電話をかける前には、断られたら恥ずかしいとか、彼女の父親が出たらどうしようとか、一歩を踏み出すことを躊躇させる「ブレーキ思考」がいっぱい働きました。

誰だってそうです。

普通はそこで「まあ、今回はやめておこうかな」とか「もっと良いチャンスが巡ってくるのを待とう」とか思って後回しにしがちです。

でも、断言します。

そんな言い訳ばかり言う人に、永遠にチャンスなんて巡ってきません。

実行のチャンスは「今」しかありません。

いきなり大成功する必要はありません。

最終的な目的は（男ですからね。ホンネは別ですけど、上品に言えば）「交際」をすることですから、初日はデートの約束をとりつけるだけでOK。

こうして、デートの約束をしたら、次はどうすれば彼女に喜んでもらえるかを考える。

このように小さなステップに分けて、少しずつ小さな成功を重ねるうちに自信が生まれます。自信は、次のステップに踏み出すエネルギー元になります。

彼女が喜んでくれたら、次はどうすれば手を握れるかを考える。どうすれば肩を抱けるか。どうすればキスできるか。その繰り返しです。

いきなり「エッチしたい」なんて言ってもダメに決まってますよね？　ご同輩。

じっくり構えて焦らないこと。

つきあい始めてからも、私は女房に毎日電話しました。今と違って携帯電話もスマホもありません。毎晩下宿の前の道を公衆電話まで歩き、彼女の家にダイヤルしました。今の常識で考えれば「そんな面倒なことをよくやるよ」でしょうが、さっきも言ったように「面倒くさい」とか「彼女の家族に変だと思われないかな」というのは、ただ自分の臆病な心が生み出した「ブレーキ思考」に過ぎません。

目的は、彼女とつきあうこと。そのための手段は選びません。また、それを選べる立場ではありません。

ビジネスも同じだと思います。

どの事業を手がける時も、これなら成功するという確信が持てるまで、私は時間をかけて調べ続け、考え続けました。

私が二十九歳の時、Oくんという同い年の社長からレコードレンタルをやってみないかと誘われたということを書きました。開業資金は二〇〇万円。当時の私にとっては清水の舞台クラスの大金です。そんな話に簡単に乗って良いものか。当時の私は「不安・恐怖・疑い・優柔不断」の塊でしたから、本当にOくんが信頼に足る人物かどうかを知るために、

Oくんと個人的なつきあいをすることにしました。彼の家に遊びに行き、お互いに家族連れで東京ディズニーランドまで遊びに行き、そんな個人的なつきあいの中で彼が本当にレコードレンタルだけで月に一〇〇万円以上の収入を得ていることを確認し、ようやくレコードレンタルを自分でもやってみようと思ったのです。石橋を叩いて叩いて叩きまくり、自分で（楽しみながら）調べたから、両親から開業資金を借りるのに何も心配はありませんでした。

念のために書きますが、ビジネスで成功するというのは、数十億円のビジネスを立ち上げるということじゃなくて、今よりも自分の手取りが増える、という意味ですからね。

新しいビジネスが軌道に乗ってからも、新店舗を出す時には慎重の上に慎重を期しました。特に三店舗目を出す時は、一番目・二番目の店舗を出す時以上に注意しました。

新しいビジネスを起こした場合、やりかたさえ間違っていなければ、一店目は必ず成功するものです。やり方が間違ってないわけですからね。一店目が成功すれば、その勢いがありますから、二店目もそこそこ成功します。

そこまでは既定路線。問題は三店目です。

三店目で成功を収めることができれば、そのビジネスは今後数年、いや数十年にわたって安泰が約束されたも同然です。しかし三店目で失敗すると、一店目・二店目の利益をすべて吐き出しても追いつかないほどの痛手を受けます。

いわゆる「三代目のジンクス」というやつです。

歴史を振り返ってみれば、室町幕府も江戸幕府も三代目がしっかりと基盤を作ったから、その後も幕府は数百年にわたって存続することができました。しかし鎌倉幕府は三代目がしっかりしていなかったから、政権を家来に乗っ取られてしまいました。

私の知人にも、三番目のお店で大失敗した結果、全財産を失った人がたくさんいます。

だから、どんなビジネスも三店目を軌道に乗せるまでは慎重に考えなくてはなりません。

結論としては「エッチをしたい」は、やっぱり三回目のデートまでは言わない方が良いということですね。

極意 2

一度決めたら迷わない

勝負するなら躊躇せず大胆に

でも、いつまでも慎重に慎重にと言っているだけでは「大成功」は望めません。チャンスだと思ったら、一気にギアチェンジして大勝負を賭けることが大事なのです。

また彼女の話に戻ります。

彼女とつきあい始めて、彼女も私との結婚を承諾してくれました。でも、次は彼女の家族に結婚を認めてもらわなくてはなりません。

問題はここです。

彼女は東京の中堅企業の重役令嬢。私は地方公務員のダメ息子。

以前、彼女との結婚を許してもらうためにマンションを建てたと書きましたが、本当はもう一つ理由がありました。

実は彼女から「結婚してもご両親と同居するのは絶対に嫌!」と言われていたのです。

そうなると、家を建てなきゃならない。幸い、実家には両親の土地があります。だったら、このチャンスに昔から考えていたマンション経営をやってしまおう、と。まだまだ社会のことなんて何も分かっていないひよっこなのに、いや、ひよっこだからこその世間知らずの発想です。

借金は七三〇〇万円。当時の私にとっては天文学でしか見たことのない数字です。もちろん母親をはじめ、私の家族全員にとっても人生を賭けたギャンブルでした。

勝てば私の結婚（と、いくばくかの安定収入）。負ければ一家が路頭に迷いかねない大借金。なんてハイリスクローリターンな勝負なんでしょう。

仮に私の息子が「結婚したいから七〇〇〇万円借金する」と社会人一年目で言い出したら、「正気か？　やめとけ」で終わりですよ。

そういう大きな勝負をする時に一番ダメなのは、直前でビビってしまうこと。中途半端に腰が引けたままで勝負の場に臨むと、不思議なことに必ず負けます。

またビジネスの話に戻ります。

たとえば一〇〇〇万円の予算で、何か新しい商売を始めるとしましょう。

一〇〇〇万円ってけっこう大きな勝負ですよ。もし失敗でもしようものなら、この先十年は経営に影響するかも知れません。

でも失敗が怖いからといって腰が引けて、予算を二〇〇万円ずつ五つに分けて「これなら手を変え品を変え、五回も挑戦できるじゃないか」なんて考えるのが一番ダメです。間違いなく五回とも確実に失敗します。

二〇〇万円のビジネスも一〇〇〇万円のビジネスも、その準備にかかる時間や労力、そして成功の可能性に大きな違いはありません。だとしたら、ちまちまと五回勝負をするよりも、あらゆる方向から徹底的に考えて考え抜いて、一度こうだと決めたら大胆に勝負した方が成功の確率は高くなるに決まっています。

立地と外観には徹底的にこだわる

次に、勝負するとしたらどこにお金をかけるべきかについてお話しします。

当社のような店舗商売で最も大切なのは、とにかく目立つこと。特に立地と外観でお客様の印象に強烈に残る店づくりが重要です。

まずは立地。これは「一等地」に限ります。

といっても、都心のど真ん中に店を出せば良いのではありません。そのビジネスが対象とする商圏の中で最も人が集まりやすい場所が、そのビジネスにとっての一等地です。

レコードレンタルのインサウンドの一号店は、岐阜県の羽島市に出店しました。独立した事務所は大垣なのに、なぜ隣の羽島市にしたかというと、当時、すでに大垣市や県庁地所在地の岐阜市にはレコードレンタルの店舗があったんですね。私は競争が大嫌いなので、最初から岐阜市や大垣市は排除しました。そして本社からクルマで二十分程度の距離で、人口も約六万人（当時）もいるということで、羽島市内で物件を探すことにしました。

最終的に私が選んだのは、私鉄の小さな駅と市役所を結ぶ道沿いの四つ辻の物件。普通に考えたら、何の変哲もない田舎の道にしか見えないでしょう。

しかしインサウンドがターゲットとしていた地元の高校生や若いサラリーマンにとっては、通勤や通学で駅に向かう時に必ず目につく場所です。しかも市役所に用事がある若い主婦もよく通る場所です。

つまり、そこはインサウンド羽島にとっての一等地というわけです。

インサウンドを始めた頃なんて、まだ手持ち資金も二～三〇〇万円しかなかったので、私にとってはこの物件の賃料を払うだけでも大きな挑戦でした。でもその時に怖気づいて、もっと賃料が安くて目につきにくい物件を選んでいたら、とうてい成功はできなかったと思います。

次に外観について。

ポイントは、とにかく徹底的に目を引いて、記憶に残るものであること。

質屋かんてい局小牧店（五号店）では、一億三〇〇〇万円を投じて道路との境界線を整備し直し、ヨーロッパの街並みのようにお洒落な街灯をたくさん設置しました。おかげで、横を通りすぎる人たちも一体何のお店なんだろうと興味を持ってくれるようになったと思います（あくまでも、自己満足です）。

昔から、質屋は目立たない路地の奥にひっそりとたたずむものと相場が決まっていましたから、これほど目立つ外観は質屋としては異例です。いえ、質屋でなくたって、これだけ派手で目立つだけの街灯なんて、経営的に考えたら経費の無駄でしかありません。

また先にも書きましたが、質屋かんてい局細畑店では、乗っていたキャデラックを一〇〇〇万円かけて二つにぶった切り、エントランスの上に逆さにくっつけました。これだって「それだけの予算をかけて、いくら儲かるんですか？」と聞かれたら返事のしようがありません。

だけど、こうして徹底的に外観でセンス良く目立とうとするから、いやが応にも見た人の記憶にくっきりと残るのだと思います。

私がまだサラリーマンをしていた頃、好きなラーメン屋さんがありました。見た目は地味でしたが、その店はとてもおいしくて、営業の途中によく立ち寄ったものです。

ある日、大手ラーメンチェーンが、その店の隣により大きくて派手で目立つお店を作りました。味は特別においしいわけではありませんでしたが、私が好きだったお店はいつ行っても閑古鳥が鳴くようになり、しばらくしたらつぶれてしまいました。「お金がある大手チェーンはえげつないことをするなあ」と思ったものです。

「一等地」で「目立つ外観」というのは、どんな商売にも通じる鉄則だと思います。

そこには理由があります。

ちょっと質問します。みなさんは、今日のように情報が氾濫している時代では、人はたくさんの選択肢の中から最も自分に合ったお店を選んでいる……。そう思っていませんか？　実はそれ、大きな間違いです。

人がお店を選ぶ時、選択肢はたくさんあるように見えますが、実際はそれほど多くありません。

たとえばラーメンを食べたいと思った時、自宅の周囲にどれだけラーメン屋があるかを調べ、どの店に行くかをじっくり検討してから出かける人は少ないでしょ？　多くの人は自分の記憶の中からラーメン屋を探して、真っ先に浮かんだいくつかのお店の中から、その時の気分に合わせて選んで出かけます。

大切なのは、その時、真っ先に思い浮かべられる数店に入れるかどうか。

ラーメンでも食べようか、と思いついたお客様が「そういえば、あの交差点の角にラーメン屋さんがあったね」と思い出してもらえるから来店してもらえます。最初に思い出してもらえなければ、勝負にもなりません。

それはどんな業種でも同じです。明らかにそのお店でなければ買えない物を売っているのなら別ですが、近頃はどの店も同じような物を扱っていますから、品揃えは品質では差別化しづらいんです。

価格で差別化する方法もありますが、値下げ競争はお互いの首を絞めるだけですし、最後は大資本が勝つに決まっています。

そんな競争は馬鹿げています。

だからどれだけ予算をかけても、その地域の（その商売にとっての）一等地で、誰が見ても（良くも悪くも）センス良く目立つ外観のお店づくりをする必要があるんです。

なあに、少しくらい出費がかさんでも、たくさんのお客様にご来店いただければ、あっという間に元は取れますよ。

もう一度言います。ビビって腰が引けて、中途半端なことをするのが一番ダメです。

もちろん、目立たない場所の地味な店で、口コミで少しずつお客さんを増やすという戦略もあります。私はそれを否定するわけではありません。

でも、特許を持っているとか、そこのお店しかない味を出せるとかでない限り、避けた方が無難でしょう。それに、不遇に耐える時間は（私だったら）楽しめないと思うから。

それよりも、もっとシンプルに集客できる仕組みとやり方を作るべきです。

極意3

タイミングを見極める

早すぎても遅すぎてもダメ

私は昔から競争するのが大の苦手でしたから、ビジネスでもどうすれば競争を避けられるかを考えてきました。一等地にセンス良く目立つ店を作るという戦略も、そのベースにあるのは「競争しなくて済む店を作る」ことでした。

しかし、立地と外観以外にも、他店と競争しなくて良い店づくりを行う方法があります。それは、絶妙なタイミングでビジネスを仕掛けるということ。

早すぎてもダメ。遅すぎてもダメ。

私の経験で言えば、ビジネスを仕掛けるベストタイミングは「東京や大阪で流行ってきたけど、岐阜や大垣くらいの地方都市ではまだ知られていない」という時期です。あ、これは地方のビジネスの場合ですけど、都市部のビジネスでも基本的な考え方はそんなに変わらないと思います。

要するに、早すぎると、本当にそのビジネスがこの地区で、あるいは日本というマーケットで成立するかが分からないわけです。逆に遅すぎると、もうライバルがたくさんいますから、どうしても最後は価格競争になってしまい、少しも楽しくありません。

これまで私は成功した話ばかり書いてきましたが、もちろん失敗だってあります。昭和六十年に当社がオープンしたカセットテープの高速ダビングショップ「東京ケンタウロス」は、東京・大阪で同様のサービスが出始めたと聞き、遅れまいとして当社が名古屋で始めたお店です。しかし開業後すぐにこのサービスが著作権協会から訴えられ、あっという間に撤退するハメになりました。

これは、マーケットに乗り遅れてはならないと思ってタイミングを見誤った例です。一方、レコードレンタルのインサウンドをオープンさせたのは昭和五十八年。ちょうどその前年、レコードレンタルというサービスの存在を全国に知らしめた「黎紅堂」が日本著作権協会から訴えられ、インサウンドがオープンした時期はちょうど国会でレコードレンタルの立法措置が審議されていました。

そんなニュースが連日テレビや新聞で報道されるものですから、「もしかしたらレコードレンタルというサービス自体がなくなってしまうんじゃないか?」という危機感に急かされた人たちが押し寄せ、おかげさまでインサウンドは大繁盛しました。

これもタイミングの妙だと思います。


地域で初めての業態は、当然ですが他社と価格競争をする必要がありません。それともう一つ、自分でマーケットの価格相場を作ることができるというメリットがあります。

何しろライバルがいませんから、値段は決め放題です。

私の場合、マンション事業とレンタル事業、そしてファミコンゲーム事業がそうでした。

私が建てたマンションは契約時に必要な敷金・礼金などの入居時費用が家賃七カ月だったにもかかわらず、入居希望者が殺到しました。四十年以上も前の話です。また三十年前に始めたビデオレンタル事業では、入会金で五〇〇〇円も取っていたのに、それでも非常に多くのお客様に会員になっていただきましたから。大垣市にはファミコンゲーム店は当社の二店しかなかったため、当社が買い取り価格を決めることができたのです。

極意4 捨てる勇気を持つ

捨てるから手に入る物がある

私は思います。人間は何にでも慣れていきます。慣れると、何でも当たり前になってしまうんですね。そして、失って初めて「ああ、自分はあんな素晴らしい物を持っていた」と気づきます。もう遅いんですけどね。

四十八歳の時に腰を悪くして、私はあれだけ大好きで膨大な時間を費やしたゴルフをやめました。それはとても悲しく、辛い出来事でした。

そう言うと「たかがゴルフで大げさですね」なんて言われますが、当時の私は本気で落ち込んだものでした。

でもゴルフをやめたことで、山に登る楽しみに出会うことができました。現金なもので、今度はゴルフなんかよりも世界の山にみんなでワイワイガヤガヤと登ることが楽しくて仕方なくなりました。

また私は以前、毎晩大酒を飲んでいました。でもその数を減らしてみたら、テレビを観たり人と会ったりする時間が生まれ、人生にもビジネスにも新しい展開が見えてくるようになりました。

人間、今までの環境を変えるのはとても勇気を必要とします。一度決断しても、さまざまな向かい風に出会い、心の中にたくさんの「できない言い訳」が湧いてきます。ストレスもたまります。でも、いつまでも一つのことに執着していたら次に進めません。

大切なのは「捨てる勇気」だと思います。

レコードレンタルもビデオレンタルも、そしてファミコンゲーム事業や写真屋ピカイチも。事業展開に陰りが見えてきた時、私はすぐに次の事業を考えようと決めました。そしてゆっくりとあらゆる方向から考えて、考えて、昔からたびたび遊びに行っていたリサイクルショップを事業として考えるようになりました。

当時、まだピカイチは成長途上でしたから、その後数年はピカイチ関連の事業で食いつないでいくことは十分に可能でした。でも、それは私がしたい仕事ではありません。

次の事業を考え始めた時点で、私はいつかDPEのピカイチの事業を捨てる覚悟はありました。

それはビジネスだけの話ではなくて、人間、何かを手に入れたいと思ったら、その前に何かを捨てる勇気を持たなくてはなりません。捨てるのはお金なのか、時間なのか、平穏な毎日なのか、あるいはもっと別のものなのか。それが何なのかは人によって違います。

でも、こうして楽しく（この「楽しく」というのが大切）自分を追い込むことから、新たな展開が見えてくるのだと思います。今までの自分を変えようともせず、環境だけ変わって欲しいなどと願うのはおかしなことで、間違っています。

社長の仕事は、捨てること

独立して会社を設立してから、私は一つ心がけてきたことがあります。それは「経営」という仕事を捨てるということでした。

世の中、「オレがオレが」という社長が多すぎる気がします。

ある会社の社長は、社内の消耗品の発注量が多すぎると言って社員を怒鳴りつけていると聞きました。また別の会社では、お客様にお出しするお茶の銘柄まで社長が決めて総務の女の子に指示するそうです。

そんな社長の姿を見て、社員はどう思うでしょう。

「なんてしっかりした社長だ！」なんて思うはずがありません。せいぜい「細かいヤツだ」

「うるさいなあ」「人間の器が小さい」で終わりじゃないでしょうか。

社長は、そんな細かいことまで知らなくたっていいんです。

極端な話をすれば、社長は自社の毎月の利益の数字さえ把握していれば、金庫に今いくらの現金があるか、いや、金庫の場所さえ知らなくたって大丈夫なんです。そういうのは経理に任せればいい。世の中、仕事を手放せなくて自分で自分の首を絞めている社長ってけっこういると思いますよ。

自慢じゃありませんが、私なんて会社のどこに消火器があるか知りません。いざという時、会社に私一人しかいなかったら確実に命を落としますね。でも実際は、誰かが知ってくれているから問題ありません。

世の中の「オレがオレが」社長は、何でもかんでも自分で動かそうとか、自分で決めなきゃとか思っているから時間がなくなり、忙しくなり、最後には疲れるんです。疲れるから、まだ若いのに引退しちゃって後継者に会社を譲ったりするんです。すべて、仕事を捨てられないせいなんです。

自分が「オレがオレが」と言う前に、社員・従業員のことを見た方が良いと思います。彼ら・彼女らが何を好きで、どんな遊びをして、どういう恋人がいるか。そんなことを知っておく方が有益だし、楽しいと思います。

アメリカの経済学者、マイケル・ガーバーは「社長の唯一の仕事は、仕事を手放すこと」だと言っています。仕事、つまり日常の些末な実務を手放し、社長がいなくても業務がスムーズに回る仕組みを作ること、つまり「企画」こそが社長の仕事なのだ、と。

私もその通りだと思います。

社長の仕事は、仕組みづくり、つまり「企画」です。細かいことは信頼できる部下に任せればいいんです。

では、そのために何をしたらいいいか。

それが「捨てる」ことです。

些末な実務を捨てる。何でも自分でやらなきゃという使命感を捨てる。自分がいないと会社は回らないという幻想を捨てる。そんなの幻想です。自分は社長だから、社員から一目置かれなきゃいけないというプライドを捨てる。社員が問題を起こしたらどうしようという疑念を捨てる。

私は二十九歳でレコードレンタルのインサウンド羽島店をオープンさせた時でさえ、すべてお店をスタッフに任せっきりにしてきました。それでもマニュアルさえしっかり作っておけば、学生のアルバイトでも十分にお店は回っていきました。

大切なのは人を信用すること。

これまで、信頼していた店長に店のお金を持ち逃げされたことが一度あります。泥棒に入られたことも一度や二度ではありません。でも、考えてみたらそういう犯罪の被害額はせいぜい数百万円。それよりも、社員を信じて仕事を任せていた方が大きな利益を得られますからね。だから、社員を信用して任せることが大切なんです。

もし社員が問題を起こしたら、悪いのは仕組みを作れなかった社長のせいです。

でも少し時間がたつと、商品を盗まれた自分にも責任があったと思うようになり、だったら、もっとしっかりとしたやり方を作ればいいと考えるようになりました。

たとえば社員の犯行だった場合、仮に反抗をした人が仕事をとても楽しんでおり、十分な給与を得ていたなら、お金を盗む気にはならなかったでしょう。(とはいえ、給与を与え過ぎたためにお金への執着が生まれてしまったという人もいるにはいましたけど)

そういう環境を用意できなかったのは社長である自分のせいです。

外部の人が犯人だった場合でも、もし窃盗に入られるのが嫌なら、窃盗に入られない仕組みをあらゆる方向からゆっくり考えればいいんです。

カギをかける。警備員を採用する。防犯システムを設置する。盗まれるような高価な物を置かないという発想もあります。あるいは盗まれてもいい仕組みを作るという解決策もあります。最終的に、どうしても窃盗に入られるのが嫌なら、そんな商売をやめてしまうという手だってあります。

あらゆる方向から考えるというのは、すべての選択肢を否定しないということです。犯人が内部にせよ外部にせよ、「悪いのは犯人」と決めつけてすべて忘れてしまうのは簡単ですが、解決する仕組みを作らない限り、いつまでたっても同じことの繰り返しです。

会社がうまく回る仕組みを作る、「企画」こそが社長の仕事ですから。


話が脱線してしまいました。社長の仕事は企画であるという話の続きです。

だから、ハッキリ言えば社長は毎日会社に行く必要なんてありません。どうせ行ったって消火器の場所も知らないのでは、いざという時に邪魔になるだけですもん。

でも、何から何まで仕組みで動くようになると寂しいので、私はせめて週に2日くらいは会社に行き、必要な書類を書いたり、社判を押して仕事をしているフリをしています。良いんです。健全な会社の経営者ほど、仕事をしないそうですから。

時々、社員から「あの件はどうしましょうか」って相談されると、ああ、自分もまだまだ必要とされてるんだなあと嬉しくなります。

極意 5

仕事を楽しめる環境を作る

仕組み作りはリーダーの仕事でもある

仕組みを作るのは社長の仕事です。でも、それは社長だけの仕事ではありません。少なくともリーダーと呼ばれる人は全員、仕組み作りの視点を持っている必要があります。

たとえば、店長はいつでもお店にいるわけではありません。会社自体は週給二日制ですが、お店は休みがないので、店長の不在時にトラブルがあるとスタッフが対応するわけですが、そういう場合に店長の判断を仰がないと何もできないような組織では、今日のスピード時代に対応でききっこありません。

そういう時、すぐに対応できる仕組みを作るのは店長の仕事です。勘違いして欲しくないのは、その場合の仕組み作りとは、上下関係をベースとする命令系統を整備することとは違うということです。

よく店長だから偉い、リーダーだから偉いと勘違いしている人がいますが、そういう人に限って、組織図を作って自分がトップなのを確認したら満足しちゃうんですよね。組織図に沿ってしか動けない集団は、競争社会を生き残ることはできません。だって、そんな集団は、トップがいなくなったら一歩も前に進めなくなってしまいますから。

それよりも、メンバー一人ひとりにこの店の代表者・責任者であるという自覚を持たせ、全員で前向きにビジネスに向き合える組織を作ることの方が重要です。


では、メンバー一人ひとりにこの店の代表者・責任者であるという自覚を持たせるにはどうすれば良いのでしょう。

私は、いつでも、どこでも、何をしていても楽しいと思える人になりたいというのが私の目標です。そして当社の社員にも、同じように仕事を楽しむ人になって欲しいと思っています。

当社のホームページに、私は当社の従業員（と当社に就職を希望される人）へのメッセージとして「好きなことを仕事にするか、自分の仕事を好きになるか。いずれにせよ小さな好きの芽は、大事に育ててあげると、やがて大きく成長し、きれいな花を咲かせます」と書きました。

好きな仕事だから頑張ろうと思える。頑張るから、お客様に喜んでいただき、感動をお届けできる。嫌だと思って仕事をしていたら、絶対にそれはできません。

ちょっと考えたら分かります。そこそこ味はいいのに、店員が仏頂面でぜんぜん楽しそうに働いてないラーメン屋と、味は普通なんだけど店員が笑顔で、いつも楽しそうにしている店。どっちに行きたくなりますか？　そして、どちらが儲かると思いますか？

そういうことです。

なんて偉そうに言ってますが、私がそう思えるようになったのはずいぶん後のこと。

仕事を楽しめれば、人は成長する

Y社で営業をしていた頃から、営業の基本は「どんな手段を使っても数字を作ること」だと教えられてきました。その考えは、ある意味で間違ってはいないと思います。

なぜなら、数字を作れる人は効率的に動ける人だから。効率的に動ける人には、自分のことだけでなく周囲を見渡して行動する余裕ができます。余裕があるから、仕事も遊びも楽しんでいられる。そういう人には、部下だって喜んでついていきます。

一方、数字を作れない人は（そこにはさまざまな要因があるとしても）基本的には要領が悪いんです。だから仕事に余分な時間がかかるし、周囲を見渡す余裕もない。

そういう人が年功序列で上に行ったら可哀想ですよ。部下からは慕われない。上からは怒られる。ストレスばかり大きくなる。自分だったら耐えられなくて辞めちゃいます。

だから、営業はなんとしても数字を作らなくてはなりません。数字を作り、良い給料をもらい、責任ある立場になり、部下にも数字を作らせなくてはなりません。

社員数が少なかった頃は、当社もそれで良かったんです。そういう厳しい環境の中、着いて来られる者だけが残るというマラソンの先頭集団のような組織です。でも質屋とかリサイクルとかの直営店ができ、フランチャイズ本部として組織が拡大し、職種が増えてくると、マラソン先頭集団のようなやり方では人は動かなくなってくるんですね。

じゃあ、どうすれば動くか。

お金を与えたら動く？　それは半分だけ当たっています。

人は、面白いと思えること、自分にとって価値があると思うことのためなら頑張れます。だけど何を面白いと思うか、何に価値を見出すかは人それぞれ。共通の努力目標なんて存在しません。

その点、お金は多くの人にとって最大公約数的な「価値」になり得ます。そういう意味で、お金が人を動かすという考えは完全に間違いとは言えません。

でも長く社長をしていると、やはりお金だけじゃダメだという現実に気づくんです。その証拠に、いくら営業成績が良くて店長に抜擢した人でも、何年かごとに必ず店のお金に手を付ける人が出てきました。そういう人は、お金があってもダメ。いえ、むしろお金を与え過ぎたからダメだったんです。

では改めて、人を動かすのは何でしょうか。

それは、「その人に合った仕事」と「周囲の環境」なんです。

人間には、向き・不向きがあります。

たとえば仕事で成果を出してない人に、「給料泥棒！」などと責めるのは間違っています。もしかしたら、その仕事が合ってないだけかも知れません。誰だって、その人に合った仕事を与えられれば、間違いなくやる気になり、高いパフォーマンスを発揮できるのですから。

売り上げを作れない人は、そうではない仕事を用意してあげればいいんです。

営業は苦手でも、他人にきめ細かい心配りができる人がいます。そういう人には接客をしてもらわないともったいない。本人のためにも、会社のためにも。

人当たりは最悪でも、金勘定を任せたらパーフェクトな人とか、システムを組ませたら天才的とか。そういう人には、その人に合った仕事を任せればいいんです。そして、その人を見極め、そんな仕事を用意するのが、上に立つリーダーの仕事です。

　一番良くないのは、上に立つ人が間違えて分不相応な仕事を与えてしまうこと。すると仕事が楽しくないから成長する気力がわきません。いつか辞めてしまうか、悪くすれば会社のお金に手を付ける恐れだってあります。

　自分に見合った仕事が与えられていれば、楽しいからもっと勉強しようと思えます。すると成果が出るから、さらに仕事が楽しくなり、さらなる成長の意欲がわいてきます。

　そういう人の力を見つけ出すのがリーダーの仕事です。そして、リーダーにそういう仕事を任せるのが、社長の仕事です。だって、それも会社が回る「仕組み作り」の一環ですからね。

極意 6

マンネリを打破する

いつもの会議の風景を変える

私が育てたいのは、当社オリジナルの自己啓発研修であるＳＬＴを作ってくれた中森君のような、自分の考えで動いて、きちんと結果を出してくれるような人材です。彼のような人材がどんどん現れて、もっと高給を取ってくれるようになると、私も経営者として鼻が高いというものです。

ところで、自分から動ける人はどうやって育てたら良いのでしょうか。

それは、なかなかマニュアル化、仕組み化できないところです。当然です。だって、自分で考えるということはマニュアルに頼らないということなのですから。

私もずっと悩んできました。

自分で考え、動ける人を育てるために、私は毎月の営業会議を活用しています。

といっても、特別なことをするのではありません。当社の月次営業会議は、毎月の直営店の売り上げ報告や、課題の共有、連絡事項の確認など、きわめて普通の会議です。

でもこの会議の最大の特徴は、各店舗から毎回違う人が参加してくるということです。

一般的には、こういう会議には各店舗を代表して店長が出席するのが普通です。しかし当社では、年次や役職に関わらず、各店舗の社員が入れ替わりで会議に参加します。

彼らは営業会議で議題に上がった内容を店舗に持ち帰り、店舗スタッフに報告しなくてはなりません。その際、誰かから「それってどういうこと？」と聞かれた時に「分かりません」などと言おうものなら、その後の店舗運営に支障をきたします。また参加したのに内容を把握してないということではボーナス査定に響くため、会議に参加した社員は真剣に話を聞き、考えるようになります。

言い換えれば一人ひとりが前向きに経営に取り組むということです。ですから、みんなが入れ替わりでこの会議に関わることで、全員が自分の頭で考える力を養います。

時間はかかるかも知れませんが、とても効率的な「仕組み」だと思います。

店舗スタッフがローテーションで参加する月次会議を始めたのは、もう二十年以上前のことです。

もともと私は、会社を立ち上げてから今日まで、社員から「安藤さん」と呼ばれています。「社長」と呼ばせたことはありません。理由は、その方が気楽だし、社員との間に変な壁ができてしまうのは好きじゃないから。でも私がそう思っていても、社員から見たら遠慮があったんでしょうね。

当時、各店の店長と会議をしていた頃は、全員がイエスマンばかりで面白くなかったんです。私が何か意見を言っても、それに反対意見が出てくることは滅多になく、建設的な話し合いにならない日々が続きました。

ある時、あまりに会議がマンネリで楽しくなかったので腹が立って「キミたちはもう来なくていい。来月からは別の社員を来させるように！」と言ったんです。それに、私としても毎回同じメンバーと顔を合わせるのはいい加減に飽きてきたので。

すると、翌月の会議に参加した社員がとても緊張していて、真剣に話を聞いてくれました。また、従来にはなかった突拍子もない意見がバンバン飛び出してきました。

これは面白い！

以降、ずっとこの形です。店舗によっては、新人が代表して参加してくることも珍しくありません。新人の発想なんて、誰も思いつかないことが多くて、すごく面白いですよ。

よく「仕事を任せることで、自分で考え、行動できる人を育てたい」とおっしゃる経営者がいますが、仕事の前に、まず大きな責任を与えてしまうのも一つの手だと思います。

極意 7

自分が面白いことだけをする

興味本位で刑務所に入る方法

私は昔から好奇心旺盛で、何か一つのことに興味を持ったら、朝から晩までそのことばかりを考え続けるタイプでした。

ある日、そんな私はどういうわけか「刑務所の内部ってどうなっているんだろう」という疑問を抱いたことがありました。ビデオレンタル店を経営していた頃ですから、今から三十年近くも前のことです。

「内部に興味があるので見学させてください」なんてお願いしても、聞き入れてもらえるとは思えません。

当時、誰かに会うたびに「刑務所に入る方法ってないですかね。あ、逮捕される以外ですけど」って言い続けていたら、知人が良いことを教えてくれました。

「安藤さん、店舗でビデオラックを使うでしょ？　あれを刑務所で作ってもらえばいいんです」

刑務所の中では、受刑者の矯正と社会復帰のために「刑務作業」という職業訓練が行われます。ですから、刑務作業の中で当店のビデオラックを作ってもらうように申請すれば、内部に入れるチャンスが巡ってくるかも知れないというのです。

ラックは足りていましたから、今さら新しい物を作る必要はなかったのですが、モノは試しとお願いしてみることにしました。そして数カ月後、ラックの色を決める必要が出てきて、実物を確認するために刑務所に入らせてもらうことができました。

まあ、内部を見たからといってどうってことはありません。「へー、こんな環境で生活してるんだ」という程度です。

また以前、私と同い年の男性で、十年以上前に奥さんと離婚して田舎で一人暮らしをしているという人と友達になりました。その時は、私と同じ年の男性が一人で暮らすというのはどういうことかがとても気になってきました。

毎日、何を考えているか。どんなことに喜び、どんなことを不便に思いながら日々を過ごしているか。そんなことを知りたくて自宅を見せてもらったことがあります。

その時も「ああ、なるほどねー」という印象でした。

刑務所も一人暮らしの知人の家も、何か目的があって見せてもらったわけではありません。また、その経験が何かに役立ったということもありません。この先もないでしょう。ただ興味があるから見てみたい。見て、ああそうか、と思う。それだけです。

女房に言わせると「あなたは暇だから、そういうことをしてるのよ」だそうです。

でも、やはり私は自分が気になったことは絶対に見てみたいし、もっと知りたいんです。だから今後も、そのためにはどうしたら良いか、朝から晩まで考え続けると思います。

夢物語は、まず口に出してみる

何かをしたいと思った時、それを現実するためにどうすればいいかをあらゆる方向から考えることの大切さを書いてきました。でも私は、それと同じくらい、「したいことを口に出す」ことも大切だと思います。

何かをしたい時、それを誰かに言い続けていると、不思議なことにその夢に近づくチャンスが必ず訪れます。

それがいつなのかは分かりません。でも私の感覚で言えば、より強くそれをしたいと思い、より多くの人に声をかけた人から順番にチャンスは巡ってくるみたいです。

何でもそうです。自分にはできないとか、自分には関係ないとか思ってしまったら、夢に近づくことはできません。

　これまでしつこいほど「あらゆる方向から考える」と書いてきました。あらゆる方向から考えるとは、心の中にタブーを作らないということです。怖いとか、恥ずかしいとか、自分にはできっこないとか、そういうのはすべてできないことを前もって正当化するタチの悪い言い訳でしかありません。

　そんなことばかり言っていると、自分の可能性を自ら閉ざしてしまいます。

　理屈なんていらないんです。面白そう。だからやってみる。

　そうすれば、いつかどんな妄想も現実になります。


　先日、スカイダイビングに夢中になっているという女性に会いました。その人が楽しそうにスカイダイビングの魅力を語るたびに、「俺もちょっとやってみようかなあ」なんて思うようになりました。さすがに上空の飛行機から飛び降りるのはまだ抵抗がありますが、先日、屋内空中遊泳ができる施設がパリにできたと知り、さっそく女房と二人で体験してきました。

　私はこれからもいろんな人に会って、自分の知らない世界を見て、自分の知らない話を聞いてみたいと思っています。少なくとも、一歩足を踏み出せば目の前に可能性が広がるかも知れないというのに、そのチャンスを自分の手で閉ざしたくないのです。

世界は、私が知らないことだらけなのですから。

極意8 三つの「ち」に従う

私には三つの「ち」があるらしい

以前、私は知人の大学教授から「安藤さん、あなたには三つの『ち』があるね」と言われたことがあります。

その先生によれば、私が持つ三つの『ち』とは、

知恵

イカレポンチ

幼稚

だそうです。

どういうことかと尋ねたら、「レコードレンタルからビデオレンタルという流れは分かるんです。でも、ビデオから写真のＤＰＥ、そしてファミコンゲームという流れが分かりません。常人の発想とはとうてい思えません。しかも、そこから質屋やリサイクルって？

もう絶対に普通じゃないですよ」と、呆れ顔で言われました。

なるほど。大学教授というのは面白いことを言うものだと感心しました。

「私には知恵がある」なんて厚かましいことは思っていません。でも、あらゆる方向から考えて、考えて、どうすれば目標を達成できるかという作戦を練る。それは知恵といえば知恵なのかも知れません。たとえそれが、大いなる下心のなせる業だとしても。


「イカレポンチ」という言葉にも、思い当たる節はあります。

社会人になって一年目で七〇〇〇万円の借金を背負ったのも、絶対にその時は尋常な感覚ではありませんでした。たとえそれさえも、下心のなせる業だとしても。

社長というのはそういう半ばイカれた覚悟を背負っているものです。

昭和五十七年に独立・起業した時、私は一緒に起業した同僚よりも多くの給料を取っていたという話をしました。その中で私は「もしこの会社がつぶれたら、その責任はすべて私が負うことになります。そういう覚悟で私は会社を作りました」と書きました。

その覚悟があるから、私はいつでも誰よりも真剣に考え、いざという時にはすべてを失う覚悟で（実際には失敗するなんて思っていませんでしたが）大勝負をしてきました。社長なら当たり前の感覚です。その覚悟がなければ、起業なんてしない方がいいです。

今でも私の大事な友人である青谷さんは、若い頃に「これからは金融の時代だ」と思い立ち、自分でサラ金を立ち上げようとしました。しかし貸金業ですから、大量のタネ銭が必要です。当時、結婚したばかりの青谷さんに現金の蓄えなんてありません。

そこで青谷さんが何をしたか。

奥さんにこう言ったのです。

「申し訳ないけど、しばらくソープで働いてくれないか。その代わり、俺は一生かけてお前の面倒を見ると約束するから」

そして三カ月で三〇〇万円の現金を作り、それを元手にサラ金を立ち上げました。

そこまでの覚悟を持って事業を始める青谷さんもクレイジーだと思いますが、青谷さんを信じた奥さんもすごいですよね。もちろん、今でも二人は仲良く暮らしています。

社長の覚悟って、そういうものです。

大人にも空き地の土管が必要だ

そして三つめの「ち」である「幼稚」の話。

ピカイチの事業が最盛期の頃、私は名古屋某所に2DKのマンションを借りました。会社にも取引先にも内緒でしたから、仕事の電話がかかってくることはありません。

この場所を知っているのは、極めて仲の良い数人の知人（と、もちろん女房）だけ。

何のために借りたかというと、いわゆる秘密基地です。幼い頃に夕方まで友達と遊んだ、空き地の土管です。

いつでも、どこでも、何をしていても楽しいと思える人になりたいと思っている私ですが、そうそう楽しんでばかりもいられません。

経営者ですから、重要なジャッジを求められることもあります。特にオーナー社長ですから、誰にも相談できずに悶々とすることも珍しくありません。

そんな時、誰とも顔を合わせないで現実から逃避……というと言葉は悪いのですが、仕事のしがらみから逃れて自分をリセットできる「仕組み」は絶対に必要だと思います。

そういう場所で頭を空っぽにして考えるから、現実にとらわれない発想が生まれます。会社のデスクで、いつもと同じ景色を見ながら、相変わらずのメンバーと一緒に過ごしていては、良いアイデアなんて生まれるわけがない。そう思いませんか？

いいえ、マンションの部屋がなければ自分をリセットできないなんて言うつもりはありません。

今、私は秘密基地を持っていません。さすがに不経済ですからね。それでも、時々近所のカフェやマンガ喫茶に行き、ぼんやりと雑誌や新聞を読むことにしています。

それが、今の私の秘密基地です。

人によってはパチンコ屋だったり、美術館だったりするかも知れません。

そんな「ココロの秘密基地」を持っておくことは、精神の安定を保つためにはとても大切なことだと思います。

……なんて。自分が幼稚であることの言い訳をしてみました。

極意9 金銭感覚を研ぎ澄ます

4つ目の「ち」も大切だ

私は、面白いと思う物事に使うお金は惜しみません。

先日、女房とパリ旅行をした時、蚤の市の店舗に置いてあった全長五メートルの巨大な飛行機の模型に一目惚れしてしまいました。値段を聞くと「二〇〇〇万円」。ディスカウント交渉をしたら七〇〇万円になったので、その場で購入しました。代金は、日本に帰って振り込むことになりました。でも納期の問題で、結局買うことにはなりませんでしたけど。

他にも等身大のマリリンモンロー人形とか、等身大のアメリカンコンバットとか、質屋かんてい局で売られている（というか、売れ残っている）変なオブジェは、私が海外で衝動買いしてきた物ばかりです。

このように、自分が気に入った物はついつい後先を考えずに衝動買いしてしまいます。でも、自分が面白いと思わない物、不要だと思った物には見向きもしないのです。

その昔、当社の幹部と一緒に韓国にゴルフに行くことになりました。私は当時の小牧空港の一番遠くて一番安い駐車場に車を停め、ターミナルまで歩いて行きました。

しかし当社の幹部連中はターミナルビルの真ん前の一番高い駐車場に車を停めていたんです。

それを見て、私は彼らを怒ってしまいました。

「キミたちは、どういうつもりでそんな高い駐車場に車を停めたんだ？」

彼らにしてみたら､駐車料金は会社の経費だし､どうせ儲かっているんだからいいんじゃないの？　という感覚でしょう。でも、そういう問題じゃないんです。

絶対に乗らなくてはいけない飛行機に遅れそうだとか、そこしか駐車場が空いてないとか、そういうまっとうな理由があれば高い駐車場に停める意味も分かります。

しかし、私たちはただゴルフに行くだけですし、全員が余裕で搭乗時間に間に合っています。しかも駐車場にはいっぱい空きがあります。

それなのに、ただ遠くに停めて歩くのが面倒だという理由だけで、彼らは高い駐車場に停めたのです。私はそれが許せませんでした。

今でも、友人と飲んだりする時に「ワインをボトルごと持ってきて！」なんて口が裂けても言えません。いろいろと計算し、考えに考えた末に「グラスワインを一つ！」

だって、私はボトルを頼んで見栄を張りたいわけじゃありませんから。友人とおいしいお酒を飲みながら、楽しい時間を過ごす。私がお酒を飲む目的はそれしかありません。

カジノも大好きで何百回も行きました。もちろん行き帰りはビジネスクラス、宿泊は高級ホテルなんですが、カジノでは大勝負なんてしません。最終的に一〇〇〇円でもプラスになれば大満足です。だって、カジノで儲けたいなんて思わないから。

大勝負なら、リアルなビジネスの方が刺激的ですし、そっちの方が儲かります。

女房とドライブ中など、駐車場に入ろうとして「十五分二〇〇円」の看板を見て「高いなあ」と言ってしょっちゅう別の駐車場を探しています。そんな時、女房から「あなたは変なところでケチだからね」とよく笑われます。

どうして？　って訊くと、「駐車場で数百円を惜しむくらいだったら、わざわざベンツなんて買わなけりゃいいのに」って。

なるほど。そういう考え方もあります。

でも、自分が楽しむためのお金はどれだけ使っても惜しくありませんが、そうではないお金はできる限り使わないようにする。それが私の価値観ですし、それが楽しいんだから仕方ありません。

それに、正しい金銭感覚を持つことは成功の最低条件じゃないかと思います。
「ケチ」は、知恵・イカレポンチ・幼稚に続く四つ目の「ち」なのかも知れません。

極意10

女房の言うことに従う

一番身近な人を笑顔にする

これまで「女房がこういう話をした」って何度か書いてきましたが、実は女房の話をきちんと聞いて、取り入れていくことも大切だと思います。

いや、別に大したことじゃなくていいんです。女房が、あれはいけない、これはいけないなんて言ってきた時、「それは間違ってるよ」と理屈で反論すると、確実にケンカになります。もう火を見るよりも明らかです。まして「うるさい」なんて大きな声を出すのは最悪。そう言いたい気持ちをグッとこらえて「なるほど。ありがとう」と聞き入れるのが男の器量じゃないかと思いますよ。

以前、私が会議のために会社に行こうとしたら、女房が「ワイシャツで行った方がいいんじゃない?」と言ってきました。多分、私がラフな格好で社員の前で話すのがいけない、と言ってくれたんですね。

その時は「細かいことを言うヤツだなあ」と思っていました。「いいじゃん。だって俺の会社なんだから」とも。

でもそのすぐ後、私の息子がもう一人前の社会人のくせに、ラフな格好で会社にいるのを見て、なんだか無性にだらしなく感じたんですね。

その時、ああ、女房が言いたかったのはこういうことかと納得しました。以来、私も会社に行く時はなるべくワイシャツで行くようになりました。

理屈で言えば、女房の言うことはすべて正しいとは思いません。また、女房の言うことだけを聞き入れていれば良いと言いたいのでもありません。

要するに、こうして一番身近な場所で自分のことを見て、客観的な意見を言ってくれる人の話にはきちんと耳を傾けないとダメだということです。

社長なんて孤独な存在ですから、つい何でも一人で考え、一人で決めてしまいがちです。前にも書いた「オレがオレが」社長なんてその典型です。それはもう社長の宿命ですから仕方ないんですが、他人の意見に耳を傾ける素直さとか心の余裕とかを失うと、どこかで絶対に判断を間違えます。いえ、間違えたことにすら気づかないで走り続けることになります。

最近は、女房の話は無条件で聞き入れるようにしています。（それもどうかと思いますけど）。部屋の掃除をしなさいとか。他人に迷惑をかけるなとか。子どもか！　って思ったりもしますけど。従業員に厳しいことを言ってはダメとか。後で苦労するから。従業員の給料が安すぎるのはダメだけど、あまり給料を上げすぎてもダメとか。

でも、全部正論なんですね。

逆にいえば、女房が笑顔になってくれるのであれば、私がしていることはほぼＯＫです。ダメダメだった私がここまで来られたのは、すべて女房のおかげですから。

惚れた女のためなら、男って何でもします。全力で考え、なりふり構わずに行動します。時には誰も思いつかなかったようなアイデアが浮かんだり、時には子どもみたいに幼稚なことを言い出したり、時には呆れるほどクレイジーな行動に走ったりします。

まず、下心に忠実であること。それが成功の大前提かも知れません。

第三章

これからについて

もっと面白いこと

上場の予定なし

社長をしていると、今まで会ったことのない多くの人から連絡をもらいます。特に多いのは、経営コンサルタントと呼ばれる人たち。よく「会いたい」と言われます。

私はこれまで事務機器、レコードレンタル、ビデオレンタル、写真ＤＰＥ、ファミコン、質屋、リサイクル、買い取りという八つの事業をオリジナルで立ち上げてきました。

いろんな人に影響を受けたり、いろんな人からアドバイスをもらったりしましたが、基本的にはすべて私が考え、判断し、リスクを取って運営してきたものばかりです。これまで一度も外部コンサルタントのお世話になったことはありません。

でも、せっかくですから、当社に声をかけてくれたコンサルタントさんとは一度会ってお話を聞くことにしています。

もしコンサルタントさんが読んでいたら気を悪くしないで欲しいのですが、これまで「この人にお願いしたい！」と思えるコンサルタントに出会ったことはありません。

彼らは経営の知識をたくさん持っているかも知れませんが、圧倒的に経験不足です。人間的にどうこうではなく、修羅場をかいくぐって来てないんですね。だから話に深みが感じられません。

ですから今のところ、私は経営コンサルタントさんをお願いすることはありません。

また三十代の半ばくらいから、経営コンサルタントや証券会社の営業マンから「安藤さん、会社を上場させた方が良いですよ」と言われるようになりました。

なるほどね。上場するメリットは？　って尋ねると「資金調達が楽になります」と。

ああ、そりゃいいねえ。でもウチはもう何十年も無借金経営で来ているから、わざわざ資金調達のために上場する必要性は感じられないんですわ。

そう言うと、「いや社長、上場すれば優秀な人材が集まりやすくなります」

あ、そう。優秀な人材ね。

では尋ねますけど、優秀な人材ってどういう人のことですか？　学歴ですか？　自慢じゃありませんが、私なんて大した大学を出てないので、威張れるような学歴は持っていませんけど？　学歴というのは、大学の受験問題という「答えのある問題」に正解を出せる力がある証明であって、ビジネスという「答えのない問題」に役立つかどうかは分かりませんよね？

また、優秀な人材とは「仕事ができる人材」だとしたら、それはそれで変ですね。だって、その人が仕事をできるかどうかなんて、入社する前に分かりっこないですもん。

「私は仕事ができる」といって鳴り物入りで入社してもらったのに、店長を任せたらお金を持ち逃げした人なら何人も知ってますよ。社員は入社してから育ってくれればいいんです。

「いやいや社長、上場すると企業としてのステータスが上がりますよ」

ステータスが上がると、楽しいんでしょうかねぇ。

私は私と家族、そして社員のために仕事をしたいと思っています。上場してステークホルダーが増えると、「株主のため」という条件が増えてしまいます。それって楽しいのでしょうか。

私はこれまで、自分のしたいように生きてきました。会社経営だって、自分のしたいことをしてきました。そのスタンスはこれからも変わることはないと思います。

でも上場すると、どうしても株主の意見や配当を意識しなくちゃならなくなります。面倒くさいですよね。それは、自分のしたいことができなくなるということです。また、株主の判断を気にしていたら、いざという時に大きな勝負ができなくなるということでもあります。

なぜ、わざわざそんな面白くないことをする必要があるんでしょうね。

「社長、そうはおっしゃいますが、これからも会社を継続させるためには……」

私は、もし事業に失敗して会社が存続できなくなっても、それは仕方ないと思います。私がゼロから始めた事務機器の商社が、なんとか少しでも大きくなったわけです。もし会社がなくなったとしても、またゼロに戻るだけですからね。ただそれだけのことです。

あ、誤解のないように言っておきますが、今の質屋・リサイクル・買い取りの事業はまだまだこれから確実に成長します。少なくとも二十年は伸び続けることでしょう。もしこの事業が下火になっても、また新しい事業をゆっくり、楽しく考えればいいんです。ですから、会社を継続させるという理由で上場をする必要もまったくないと思いますよ。

最近、会社が大きくなり過ぎて借金がふくらみ、否が応でも上場せざるを得なくなった会社がけっこうあります。ああいうのを見ると、経営者はよく決断したもんだなあと思いますよ。今は会社が成長しているから良いですけど、業績が悪くなったら、株主から何を言われるか分かったもんじゃない。

私なら耐えられないですね。

……と、そこまで言うと、誰もが二度と「上場しませんか？」と言わなくなります。

先日、ラジオに出演させてもらった時、パーソナリティの女性に「なぜ上場しないんですか？」と尋ねられ、「上場したら窮屈じゃん。ネクタイしなきゃならないし、決算報告書も出さなきゃならないし、だいたい、株主の目を気にして外車に乗れなくなるなんて嫌だ」と答えたら、爆笑されました。いや、笑わせようとした訳じゃないんですけどね。

事業は自分で作るから楽しい

また、いろんな会社の経営者から「ウチの事業を買ってほしい」とか「あそこの会社を買ってあげてくれませんか」なんて声をかけてもらうことも増えました。最近も、ある企業から年商二十億円のエステサロンを買って欲しいという話があったところです。

そうやって声をかけていただくということは、実に経営者冥利に尽きます。私もまだ捨てたもんじゃない！　なんて密かに思ったりもします。

でも申し訳ありませんが、事業なんて、自分で考え、自分で作るから面白いんです。既に形になっている商売に魅力は感じません。

こういうビジネスのアイデアがあるけど、一緒にやりませんか？　という提案もたくさんいただきます。その多くは、「僕はこういう事業をしたいんだけど、資金を出してくれませんか？」という意味ですけどね。

面白そうなものがあれば一緒に組んでみようかなという気持ちもあります。でも、もうこの歳になると、わざわざお金を稼ぐためだけに面倒なことをする気力もなくなってきました。

ついでに言えば、私はナンバー1になろうなんて考えたことはありません。むしろ上場してナンバー1なんかになって、変に目立ってしまうことは避けたいと思ってきました。

一度ビジネスが成功すれば、その分野で天下を取ろうなんて考えることなく、ゆっくり二号店・三号店と展開していく方が性に合っています。ビジネスなんてマラソンと同じで、いや、それ以上にゴールなんてあってないようなものですから、先頭に立って目立つよりもせいぜい一桁順位くらいで楽しく走った方が向いています。楽ちんですし。

変にトップをめざして事業を拡大すると、従業員も増やさなきゃいけないし、その所帯を維持するためにまた別の苦労が発生する。そんなのまっぴら御免です。業界的に三番目とか四番目とか、そんなぬるま湯に浸かっているくらいがちょうど良いんです。人生、悪い意味ではなく「いいかげん」が一番だと思いますよ。

日本は、世界で一番幸せな国だと思います。空気はきれい。水道の水が飲める。人はおおむね優しくて親切(じゃない人もたまにいますけど)。コンビニは二十四時間開いている。そしてトイレにはウォシュレット。私は世界の秘境を歩いてきましたが、こんな国、世界のどこを探しても日本以外にありません。日本に生まれて暮らしていることだけで、私たちは既に幸せなんです。

だから、焦る必要はどこにもありません。無理をして一番をめざす必要だってありません。ゆっくり、楽しみながら、いろんなことを考えて行けば良いのだと思います。

上場する気もないし、必要以上に事業を拡大する気もない。歌の文句じゃありませんが、ナンバー1にならなくってもいい。誰かの事業を支援する気もゼロ。社長と呼ばれてはいますが、私がいなくたって会社は普通に回っていきます。

だから、ときどき思います。私が会社にいる意味って何だろうって。

社長を辞めるという選択肢もあるのでしょうが、私は前にも言ったようにもう隠居したような身分ですから。今になって改めて隠居しなおすのも変な話です。

私の母は今年で八十八歳になりますが、私が社会人一年目から建ててきた三軒のマンションの経営を大手不動産管理会社に任せることなく、一人で楽しく切り盛りしています。そのせいか、まだすこぶる元気です。母こそ、隠居などという言葉とは無縁です。

そんな母の息子ですから、私も生涯現役として、死ぬまで新しいビジネスを模索し続けたいと思っています。なぜなら、そうやって考えることが楽しくて仕方ないから。世の中の社長は、早く引退して会社経営から手を引きたいという方も多いのですが、私に言わせれば、こんな面白いことを辞めてしまう人の気が知れません。

平成十九年、私の息子が東京の会社を辞めて大垣に帰ってきたので、ピカイチの直営五店を任せました。しかしデジタル化の波に押され、DPE店としてのピカイチを継続するのは難しくなり、次々と閉店せざるを得なくなりました。最後は、私が昭和六十三年にピカイチ事業を始めた「ピカイチ大垣本店」だけになってしまいました。

息子なりの意地もあったのでしょう。「俺はこの店だけはつぶさない」と言い、それまでのピカイチの事業と買い取り事業をミックスさせた新しい業態の店舗を考え、「自分にやらせてほしい」と言ってきました。どうせ一度は閉店を覚悟した店ですので、思い切って息子にすべて任せてみました。「ピカイチ＋（プラス）」と名付けられたこの店は、今も大成功しています。母といい、息子といい、まったく血は争えないものです。

だから、私はこれからも会長になるつもりはありませんし、社長を辞めるつもりもありません。だって、辞めたらボケちゃいそうで。いつか私の頭がボケて、何も分からなくなってドクターストップがかかったりしない限り、私は死ぬまで次の企画を考え続けていきたいのです。生涯現役です。

チャップリンが、記者から「あなたの最高傑作は何ですか?」と質問されて「次回作」と答えたように、私ももっともっと面白いビジネスの企画と仕組みを考え続けていきます。

ビジネスのタネの見つけ方

せっかくなので、私の本をここまで読んでいただいた方のために、ワタクシ流の新ビジネスの探し方と、注目している新ビジネスのタネについて書いておこうと思います。

まず、新しいビジネスの探し方。

よく、「新しいビジネスのヒントって、どこから見つけるんですか?」と聞かれます。

私の場合、特殊な情報網なんてありません。普段から目にしているテレビと新聞がすべて。

たとえばバラエティ番組で、おいしそうなジェラートのお店が紹介されていたとします。

真っ先に思うのは、「ジェラートって何だ?」ですよね。調べてみると、なんだ、偉そうな名前がついてるけど、アイスクリームのことじゃないか。

そこから始まって、

「今頃、どうしてアイスクリームごときが人気になってるんだ？」

「アイスクリームとジェラートってどこが違うんだ？」

「ジェラートってそんなに儲かるの？」

「だいたい、どんな人が食べにくるの？」

「そのお客さんは、他にどんな物を食べたいと思うのかな？」

「ウチでジェラートを手がけるメリットは？」

……と、次々と考えを巡らせます。そして、もちろん、その後には
「じゃあ、一度ジェラートを食べなきゃ」

と理屈をつけて、いそいそと外出します。

いつもそんな感じ。このように、自分が気になった物事をゆっくり楽しく考えます。

でも毎日そんなことをしていると絶対に覚えきれないので、疑問やアイデアは常に残しておきます。私の部屋には、そんなファイルがびっしり詰まっています。

このメモに残しておくというのは、思いついたアイデアを忘れないためだけでなく、今、自分が直面している問題を常に目の前に提示しておけるという目的もあります。これまで

何度も「あらゆる方向からゆっくり楽しく考える」と書いてきましたが、そういう環境を作るためにも、こうして何でもメモに残しておくという作戦は効果的です。

そんな繰り返しの中から、良いアイデアが生まれ……ることは滅多にありません。

そんな簡単にビジネスのアイデアが浮かんだら苦労はないですね。

だいたい、自分から探しに行っている間は、良いアイデアが浮かぶことはありません。

思い起こせば、大きなビジネスになったアイデアを思いついた状況は共通しています。主に、リラックスしている時に浮かぶみたいです。ベッドで横になって電気を消した後とか、バスタブでぼんやりしている時とか、車を走らせている時とか、ふと頭に浮かんだことがけっこう重要だったりします。

とにかく自分の将来のため、ゆっくり、楽しく考えるんです。

だからベッドサイドとお風呂の脱衣所にはメモ用の小さなボードが置いてあります。そこには、実現の可能性は別として、新しいビジネスのアイデアがびっしりと書き込まれています。読めない文字もいっぱいありますし、読めても呪文のような意味不明なものもいっぱいあります。でも、中には今すぐ手がけたら面白そうなアイデアもありますよ。

ちょっと紹介しましょうか。

たとえば「スキー場付きの五〇階建て高層ホテル」。高層ホテルの屋上から地上に続く人工のゲレンデを設置するんです。まさにゲレンデまで〇分でたどりつけるホテル。面白いでしょ？

そんなの無理だと思われるかも知れませんが、カザフスタンでは屋上にスキー場を併設したホテルがあるそうです。

私なら、絶対に東京駅の真ん前に作ります。しかも温泉施設を併設します。こんなホテルを建てたら、世界中から観光客が集まります。大当たりしないはずがありません。

他には、テレアポで営業する旅行会社。

二〇〇名くらいのテレフォンアポインターが、日本中の人に電話をかけまくるんです。ある人が「青森に行きたい」。ある人は「ソウルがいい」。別の人は「パリ」。そんな情報をデータ化し、行き先によって人数をまとめ、ツアープランを立てて電話やメールでフィードバックします。海外のツアーガイドも電話で手配できますから、一等地に旅行代理店を開設する必要はありません。パンフレットもチラシも不要です。

また「コンシェルジェ付きの旅行会社」というアイデアもあります。

たとえばドイツ旅行をしたいというお客様がいらっしゃったら、ホテルと航空会社はもちろん、お客様が行ってみたい場所にある名店や観光地の予約までをすべてワンストップでお任せできてしまう旅行会社。他にも「海外で空母から戦闘機に乗りたい」とか「機関銃を打ってみたい」「皇居で遊んでみたい」「ヘリコプターでマッターホルンデートをしたい」「ギアナ高地でドラム缶のお風呂に入りたい」「二～三日、刑務所で暮らしてみたい」「スカイダイビングをしたい」「バンジージャンプをしたい」など、どんな夢でもコンシェルジェがかなえてくれる旅行会社。

これは私が海外旅行に行く時、現地でチケットを買うのが面倒なので、全部お任せできる旅行会社があればいいなあと思って思いついたアイデアなんですけどね。

もっと簡単にできるビジネスもあります。それは海外、中でもアジアやアフリカなど、これから経済発展が期待できる地域で日本と同じビジネスを始めること。考えてみれば、日本なんて衣食住はもちろん、性欲だって旅行したいという気持ちだって、ほとんどの人は満たされています。そんな難しいマーケットで勝負しようと思わなくたって、これから拡大が期待されるマーケットでやれば良いじゃん？　って話です。

自分でお店を出すのが難しいと思うなら、直営店ではなく、どこかのフランチャイズとして出店するという手もあります。いざとなったら、私が海外にフランチャイズ出店するお手伝いをしても良いですよ（笑）。

他にも書き出したらキリがないほどアイデアはあります。でも、今すぐに始めるつもりはありません。残念ながら、どれも質屋と比べると労力のわりに利益が少ないんですね。

だから、ゆっくり考えていこうと思います。一年・二年どころか、アイデアが十年モノにならなくっても大丈夫。十一年目に生まれた商売が、その後十年続けば良いんです。

だって、ビデオレンタルもピカイチも、最初はとても小さなアイデアでした。それが十数年も続くことを私は知っています。質屋なんてもっと長く続くと思います。

ね？　焦る必要なんてないんです。

さーて。次は何をすれば面白いのかなあって。

テレビを観たり、新聞を読んだりしながらゆっくり楽しく暮らしていければ良いのです。

明日、何をすればいい？

三十代半ばで隠居状態になってから、私はずっと思ってきたことがあります。

それは、「残りの人生をどうやって生きたら楽しいか」という問題です。

幸い、これまで手がけてきた事業はそこそこ成功しましたし、現在の質屋・リサイクル・買い取りの事業も好調。近く、久しぶりに直営店をオープンさせようと思っています。サポーティングチェーンも順調で、加盟店さんの申し込みもほどほどにあります。

となると、次の目標が見当たらないんですね。

とりあえずの問題として、明日、何をすれば楽しく過ごせるかが分からない。

……なんて書いてくると、さぞ嫌なヤツだと思われるかも知れません。でも、本人はいたって真剣に悩んでいます。

すると、知人から「安藤さんは、たまたま事業が成功したからそういうのん気なことを言っていられるんでしょう？」などと言われます。

そうではないと思います。

もしお金がなくっても、私は今と同じように「明日、何をすれば面白いんだろう」って考えていると思います。

以前、刑務所の中を見せてもらったと書きました。殺風景な食堂や作業部屋を見せてもらいながら、自分がもしこの中に入っていたらどうなるんだろうって考えました。

その時に思ったんです。多分、私は何かで刑務所に入ることになったとしても、きっとその状況を楽しもうと思ってるんじゃないか、って。

昔から初対面の人と仲良くなるのは嫌ではなかったから、案外、塀の中に友だちがいっぱいできて楽しかったかも知れません。

だって、もし自分が逆境にいたとしても、その状況に不平不満を言っても仕方ありません。それより状況を前向きに受け入れ、楽しんでしまった方が得じゃないですか。


私は、自分が特別だとは思っていません。

誰だって、自分の欲望に従って真剣に考えれば、みんな私程度の成功は収められます。

あくまでもビジネスは「手段」です。また、お金が儲かるとか儲からないというのは、単なる「結果」に過ぎません。


私たちが生きる「目的」とは、ただ人生をよりよく楽しむこと。いつでも、どこでも、何をしていても楽しいという人間になること。それしかないと思います。それが私の究極の目標です。

誰だってそうです。人生は一度しかないんですから。

エピローグ

思い返してみれば、子どもの頃に家に帰るのが嫌で、「このままずっと遊んでいたいなぁ～」と思っていました。勉強もせずに遊んでいた高校生は、ケンカに負けたことが悔しくて大垣を逃げ出して東京へ行き、そこで女房と出会い、女房と結婚するためにマンションを経営し、退職してからそのノウハウを活かして数多くの事業を手がけてきました。もし高校時代にケンカに負けていなかったら、今頃、まったく違った人生を歩んでいたかもしれません。

私は還暦を超えましたが、子どもの頃とまったく変わっていません。遠い先のことには興味がなくて、考えているのはいつも目先のことばかり。一生懸命とか、汗水たらしてとか、石の上にも三年とかの言葉は好きじゃない。飲みのお誘いは大歓迎。そういえば、新しくできたあのお店っておいしいの？　最近、ゴルフなんて月一回しかしてないなあ。今はもっぱら海外の山登りばかり。なんて書いていたら、久しぶりに行きたくなってきた。誰を誘う？

そして、最後はやはりこの質問に戻ってしまいます。

明日は、来月は、何をしたら楽しいかなあ。

FTCでは、毎年の年末にサポーティングチェーンのオーナーさんに全国からお集まりいただき、年間の優秀店舗の発表と大忘年会を開催しています。年を追うごとに会場と規模が大きくなり、参加していただける加盟店さんも増え続けています。

これまで企画はすべて社員に任せてきましたが、今年（二〇一七年度）は「大人の遠足」をテーマにしてもらうよう提案するつもりです。せっかく遠くから来ていただく方もいらっしゃるんですから、どうせなら日ごろのストレスを忘れて、ただ楽しむためだけに名古屋まで来ていただきたい。そして、この時間を通して、仕事を楽しみ、人生を楽しみ、そしてみんなで幸せになっていただきたい。私たちも心からおもてなしをいたします。そんな思いを込めて、「大人の遠足」というテーマにしようと思います。

そして最後に、拙文を読んでいただいている方にお願いがあります。

私は自慢をするためにこの本を書いたのではありません。私がこれまで経験則的に学んできた「成功の極意」らしきものを披露することで、読んでくれた方に私のことを知ってほしい。ほんの少しでいいから「こんな変わったことを言ってた男がいたな」ということを分かって欲しい。そして、一人でもいいから、私と同じ経験をして、私と同じ「明日は何をすれば楽しいかなあ」という気持ちを味わっていただきたい。

その一心で、慣れないキーボードと格闘しました。

もしこんな私に少しでも興味を持った方がいらっしゃったら、ぜひ感想をお聞かせください。岐阜県大垣市のＦＴＣ本社の近くにお越しの際には、よろしければぜひお立ち寄りください。

最後に、本書を作るきっかけを与えてくださったＴＥＸＴ　ＬＡＢＯの可知　朗さん、牧野出版の佐久間憲一さん、そしてメディアジャパンの宮崎敬士さんに心からお礼を申し上げます。

二〇一七年初夏

◉本文構成：可知　朗（TEXT LABO）
◉装　　丁：神長文夫＋坂入由美子（ウエルプランニング）

安藤よしかず　（あんどう・よしかず）

1953年、岐阜県生まれ。中央学院大学卒業後、事務機器商社に入社。82年に独立した後、レコードやビデオ、ファミコンソフトなどのレンタル、ＤＰＥなどのフランチャイズ事業を展開。95年には「質屋かんてい局」を立ち上げてリユースビジネスを開始。座右の銘は「どこにいても、何をしていても楽しい人間になること」。趣味は世界の秘境めぐり、ゴルフ、そしてスイミング。岐阜県大垣市在住。

仕事《しごと》が楽《たの》しければ、人生《じんせい》は極楽《ごくらく》だ

2017年9月29日　発行

著者　安藤よしかず
発行人　佐久間憲一
発行所　株式会社牧野出版
〒135－0053
東京都江東区辰巳1-4-11　STビル辰巳別館5F
電話 03-6457-0801
ファックス（注文）03-3272-5188
http://www.makinopb.com
印刷・製本　中央精版印刷株式会社

内容に関するお問い合わせ、ご感想は下記のアドレスにお送りください。
dokusha@makinopb.com
乱丁・落丁本は、ご面倒ですが小社宛にお送りください。
送料小社負担でお取り替えいたします。